城镇化与社会变革丛书
URBANIZATION AND SOCIAL TRANSFORMATION SERIES

丛书主编▶李 铁

# 城镇化视角下的宏观政策

MACROECONOMIC POLICY
IN THE PERSPECTIVE OF URBANIZATION

李 铁◎著

中国发展出版社
CHINA DEVELOPMENT PRESS

**图书在版编目（CIP）数据**

城镇化视角下的宏观政策/李铁著. —北京：中国发展出版社，
2016. 3

（城镇化与社会变革丛书/李铁主编）

ISBN 978-7-5177-0426-3

I. ①城… Ⅱ. ①李… Ⅲ. ①城市化—研究—中国 Ⅳ. ①F299. 21

中国版本图书馆 CIP 数据核字（2015）第 261234 号

书　　　名：城镇化视角下的宏观政策
主　　　编：李　铁
出 版 发 行：中国发展出版社
　　　　　　（北京市西城区百万庄大街 16 号 8 层　100037）
标 准 书 号：ISBN 978-7-5177-0426-3
经 销 者：各地新华书店
印 刷 者：北京市密东印刷有限公司
开　　　本：700×1000mm　1/16
印　　　张：15. 5
字　　　数：233 千字
版　　　次：2016 年 3 月第 1 版
印　　　次：2016 年 3 月第 1 次印刷
定　　　价：45. 00 元

联 系 电 话：（010）88919581　68990692
购 书 热 线：（010）68990682　68990686
网 络 订 购：http://zgfzcbs. tmall. com//
网 购 电 话：（010）88333349　68990639
本 社 网 址：http://www.develpress. com. cn
电 子 邮 件：370118561@qq. com

# "城镇化与社会变革"丛书
## 编委会名单

**主 编**

李 铁 国家发改委城市和小城镇改革发展中心主任

**副主编**

邱爱军 国家发改委城市和小城镇改革发展中心副主任

乔润令 国家发改委城市和小城镇改革发展中心副主任

**编委会成员**（按姓氏笔画为序）

王俊沣 文 辉 冯 奎 乔润令 沈 迟 李 铁

邱爱军 张国华 张新民 郑定铨 郑明媚 范 毅

钟笃粮 顾惠芳 徐勤贤 窦 红

# 总　序

　　中央政府又一次把城镇化作为拉动内需和带动经济增长的引擎，使得城镇化问题再次成为社会关注的热点。巧合的是，两次提出城镇化问题都和国际金融危机有关，上一次是亚洲金融危机，而这一次是全球金融危机。作为长期从事城镇化政策研究的团队，我们的研究积累对于中国的城镇化问题应该有着清醒的认识，但是对于社会，对于各级政府、企业家、学者和媒体人来说，如何去理解城镇化问题，就涉及将来可能出台什么样的政策，以及相关政策如何落实。因此，我们决定把多年的研究成果公诸于世，以"城镇化与社会变革"系列丛书的形式出版。丛书之所以以改革为主题，就是要清楚地表明，未来推进城镇化最大的难点在于制度障碍，只有通过改革，才能破除传统体制对城乡和城镇间要素流动的约束和限制，城镇化带动内需增长的潜力才能得到真正释放。

　　丛书出版之际，出版社邀请我作序，一方面希望从宏观的角度来评价十八大以来的城镇化政策要点，另一方面希望对国家发改委城市和小城镇改革发展中心（以下简称"中心"）从事城镇化政策研究的历程做一个简要的回顾。毕竟我全程参与了中心的组建和发展，也基本上经历了从城镇化政策研究到一系列政策文件出台的过程。其实，我内心的想法，无论目前把城镇化政策提到怎样的高度，毕竟与可操作的政策出台以及贯彻落实都还有很长的距离。我能更多地体会到，这项研究，凝聚着许多长期从事农村政策研究和城镇化研究的领导和专家的心血，也汇集了一些地方基层政府的长期实践。我们只是作为一个团队集中了所有的智慧，利用我们的平台优势把这些成果和资料积累下来。

　　1992 年，我在国家体改委农村司工作，有一次参加国土经济学会在新华社举办的关于小城镇问题的研讨会，原中央农研室的老领导杜润生先生发言，提到小城镇对于农村乡镇企业发展和农村资源整合的重要意义，回来后感受颇深。在年底农村司提出 1993 年度研究课题重点时，把小城镇和城镇化问题作为六个重点研究课题的选题之一，报告给了时任国家体改委副主任马凯同志。我记得其他选题还有农村税费改革、城乡商品流通和土地问题等等。马凯副主任只是在小城镇这个课题上画了一个圈，要求我们重点进行研究。这一个圈就决定了我后半生的命运，至今已经20年了。当时马凯同志分管农村司工作，他之所以要求我们从事小城镇和城镇化问题的研究，他的基本论断是"减少农民，才能富裕农民"。

在后来的城镇化研究中，很多人不理解，为什么当时中央提出"小城镇，大战略"？特别是一些经济和规划工作者，他们认为城镇化政策重点不应该是积极发展小城镇，而应该是发展大城市，可是谁也不去追问。当时城镇化的提法还是禁忌，户籍问题更是没人敢提。几千年来确保农产品供给问题似乎成为一种现实的担忧；已经形成的城乡福利上的二元差距，更是各级城市政府不愿意推进户籍管理制度改革的借口。只有在小城镇，因为福利差距没有那么大，基础设施和公共服务条件没有那么好，与农村有着天然的接壤和联系，而且许多乡镇企业又直接办在小城镇，在这里实现有关城镇化的一系列体制上的突破，应该引起的社会波动比较小。1993～1995年，在马凯同志的直接领导下，我们开始了小城镇和城镇化的研究。马凯同志亲自带队到各部委征求意见，1995年4月，协调国务院十一个有关部、委、局制定并印发了《全国小城镇综合改革试点指导意见》，这是第一个从全方位改革政策入手，以小城镇作为突破口，全面实行综合改革试点的指导性意见。其中涉及的内容包括户籍管理制度、土地流转制度、小城镇的行政管理体制、地方财税管理体制、机构改革和乡镇行政区划调整、基础设施的投融资改革、统计制度等多方面。

1998年国务院机构改革，国家体改委和国务院特区办合并为国务院经济体制改革办公室，原来的16个司局缩编成6个司局，涉及大量的司局级干部重组和自寻出路。为了坚持小城镇和城镇化的政策研究，把试点工作持续下去，在各方面的支持下，我放弃了留在机关内工作的机会。1998年6月，经中编委批准，以原国家体改委农村司为主体成立了小城镇改革发展中心。从此我开始了漫长而又寂寞的城镇化政策研究之路。

1997年的亚洲金融危机，我国的外向型经济受挫，很多专家提出扩大内需的思路，城镇化和小城镇终于第一次走上了政府宏观政策的台面。

1998 年十五届三中全会开始提出"小城镇，大战略"。1999 年，时任国务院副秘书长的马凯同志和中农办主任段应碧同志，把起草向中央政治局常委汇报的"小城镇发展和城镇化问题"的任务交给了国务院体改办。之后，我们又在国务院体改办副主任邵秉仁同志的领导下，直接参与起草了 2000 年 6 月中共中央、国务院颁布的《关于促进小城镇健康发展的若干指导意见》。这个文件下达之后，户籍管理制度原则上在全国县级市以下的城镇基本放开，农村进城务工人员只要在城里有了住所和稳定的就业条件，就可以办理落户手续，而其在农村的承包地和宅基地仍可保留。根据中央有关文件精神，2000 年第五次全国人口普查后，我国把进城务工的农民第一次统计为城镇人口，我国的城镇化率一下子从原来的 29% 提高到 36%。

2002 年，党的十六大报告第一次写进了有关城镇化的内容，其中把"繁荣农村经济，加快城镇化进程"写到一起，这充分说明了城镇化对于"三农"问题的重要性。值得特别提出的是，我们的城镇化研究也从小城镇开始深入到进城的农民工，中心全体研究人员就农民工问题进行了大量的调查研究。2002 年，根据马凯副秘书长和段应碧主任的安排，由中心组织人员起草了 2003 年国务院办公厅 1 号文件《关于做好农民进城务工就业管理和服务工作的通知》。

2003 年，中心被并入了国家发改委，城镇化的研究工作转向了深入积累阶段。原来曾经全方位开展的改革试点工作虽然还在进行，但是实质性内容越来越少。在这一阶段反思城镇化，站在农村的角度去推进城市的各项相关改革，看来是越来越难了。中国的体制，城市实际上是行政管理等级的一个层面，而不是西方国家那种独立自治的城市。中国城市管理农村的体制，使得从农村的角度提出任何问题都是带有补贴和扶助的性质。而实际上，由于利益格局的确立，城市仍然没有摆脱依赖于从农村剥夺资源，来维持城市公共福利的积累和企业成本降低的局面。原来简单明了的城乡二元结构，已经被行政区的公共福利利益格局多元化了，因此要改革的内容已经远远超出了 20 世纪 90 年代凸显的城乡二元结构的范畴。原来长期研究农村改革、试图解决农村问题，现在成为城镇化出发点的思路，肯定也要相应地转型，使我们的研究团队站在城市的决策角度考虑问题。2009 年，我们开始把中心研究的重点彻底地转向城市，单位的名称也同时作出了调整，改为"城市和小城镇改革发展中心"。这种转型的最大效果就是可以更多地偏重于决策者的思维，了解决策阶层所更关注的城市角度，有利于提出更好的政策咨询建议。

中心成立 15 年来，我和同事们到 20 多个省（直辖市、自治区）的数千个不同类型、不同规模的城镇调研，积累了大量的材料，并为一批城镇特别制定了发展规划。

我们所理解的城镇化政策是改革，这也是我们长期和社会上的一些学者，甚至包括政府决策系统的部分研究人员在观点上的一些重要分歧。因为城镇化要解决的是几亿进城农民的公共服务均等化问题，关系到利益结构的调整，所以必须通过改革来解决有关制度层面的问题。仅靠投资是无法带动城镇化的，否则只会固化当地居民和外来人口的福利格局。只有在改革的基础上，打破户籍、土地和行政管理体制上的障碍，提高城镇化质量，改善外来人口的公共服务，提升投资效率才能变为可能。

幸运的是，从 2012 年起，中央领导同志对于城镇化的重视达到了前所未有的高度。在国家发改委副主任徐宪平同志的支持下，我们终于把多年的研究积累作为基础性咨询，提供给政策研究和制定的部门。虽然关于城镇化所涉及的改革政策的全面铺开还需要时日，还需要观点上进一步的统一，但无论怎样，问题提到了台面，总会有解决的办法，任何事情都不能一蹴而就，但毕竟有一个非常好的开始。

同事们提议，是不是可以把这些年我们团队有关城镇化的研究成果出版成书？我同意了。2013 年是全国深入贯彻落实十八大精神的开局之年，是一个好时候，全社会都在关注城镇化进程。此举可以把我们的观点奉献给社会，以求有一个更充分的讨论环境，寻求共识，推进城镇化改革政策的持续出台。

国家发改委城市和小城镇改革发展中心主任

李铁

2013 年 3 月

# 自　序

距上次"城镇化与社会变革"系列丛书出版已经三年了。我们对中国城镇化的认识在不断深化，对于中国城市的发展规律也不断地探索。总结下来有几点深刻的体会。

城镇化的红利期虽然尚未终结，但也取决于改革的深化。与发达国家城镇化进程已经出现饱和期不同，我们的城镇化率才刚过半。如果按照户籍口径计算，城镇化率还不到40%。农村人口向城镇转移还蕴含着巨大的消费和投资的空间。土地要素的流转也会推动人口的城镇化，甚至会释放出海量的潜力，既可以约束政府过度耗费土地资源的行为，也可以激发中小投资者的信心，还可以降低企业的发展成本。行政管理体制的改革，至少可以释放中小城市和特大镇的活力。因此，在推动经济增长方面，我们坚定不移地相信，城镇化红利期的释放还会为经济增长带来利好。

城镇化的行政推动所带来的收益已经走到尽头。各级城镇政府通过限制人口进城落户来降低公共服务成本的行为已经不可持续，因为没有消费人口的进入，很难去寻找新的替代要素刺激消费。继续通过土地出让的方式获得城镇基础设施建设资金来源的模式，也已经遭遇严峻的挑战。住房的过度供给导致土地出让的预期呈现断崖式下滑，致使城镇政府财政的压力加大，继续投资的能力严重下降，原有的债务负担得不到缓解，政府的执政能力面临挑战。

推进城镇化改革的难度在加大。长期以来形成的户籍、土地以及行政管理体制，在经济持续几十年增长的环境下，附加了太多的利益，而这种利益格局的固化，加剧了利益结构调整的困难。例如在经济发展越发达的地方，户籍管理制度改革越难以破除体制性障碍。最近，在一些一线城市实施的所谓户籍制度改革方案，明显与中央城镇化发展的文件精神相悖，但是仍然堂而皇之地进入了未来政策规划的篮子。在一些特大镇，我们试图进行设市的尝试，调查后发现，所有改革政策还停留在二十年前设计的综合改革试点的阶段，甚至还在倒退。土地制度改革更是切中地方政府财政来源的命根子，在打着耕地保护的旗号下，实行的指标分配的计划用地管理体制，对城市发展带来的负面作用也日益凸显。

对城市发展的规律认识严重滞后。仅仅三十年的城镇化高速发展期，城市管理者在现行干部管理体制下频繁的流动，所谓"铁打的衙门流水的官"，使得我们很难有时间思考自身对于城市的认识。同时，在赶超思想和追求政绩的双重影响下，城市管理者更希望在较短的执政期间内使城市面貌发生根本性的变化；而土地出让制度和强有力的行政推动机制，客观上也助长了短期行为，保障了其得到顺利落实。然而在各种短期行为和主观意志的支撑下，城市发展速度远远超出了世人的想象，并取得了惊人的成就。但资源配置效率的低下、粗放的发展模式、管理水平的严重滞后，也为未来城市资源再配置埋下了隐忧。所谓"重数量、轻质量"、"重短期、轻长远"、"重表面、轻内在"的各种城市发展弊病，已经浮出水面。我们看到的各种病态的城市发展结果，实际上也都是高速城镇化进程中的并发症。

传统的中国特色的城市发展路径已经影响到了未来的经济增长预期，例如房地产过热后，地方政府土地财政的断崖式下跌，从消费和投资两头遏制了国民经济增长的势头；以城市房地产为主导的产业链条的断裂，也引发了能源、钢铁、水泥等产业的下滑。我们注意到，宏观层面的政策研究者们往往把更多的焦点关注到货币、金融以及财政等政策，但对城镇化发展中微观层面出现的问题，并没有引起足够重视，因此开出的药方往往错位。

中国经济增长的重心已经在城市，因为农业创造的增加值占国内生产总值的比重仅有9.2%，农民收入的增长更依赖于非农就业带来的收益。特别是近期国际农产品价格的下跌，更加依赖于财政对农产品价格进行补贴，确保农民来源于农业的收入不致严重下滑。在当前的宏观经济格局下，只有认真地研究城市，研究以工业和服务业为基础的城市，才能深入了解中国城镇化发展的规律，才有可能对目前面临的困境得出相对准确的答案。但是，经济学家和政策研究者似乎是耻于微观问题的研究，往往把结论性的重点建立在宏观层面理论上的务虚。因此，虽然我们对城镇化问题的所谓重视已经达到了前所未有的高度，但是真正试图发现城镇化问题的本质，特别是研究中国制度条件下城镇化的演变规律，研究城市的运行机制会对经济产生什么样的影响等关键问题上，却往往被忽视。

我们的团队已经为城镇化问题辛苦耕耘了将近二十年。已经出版了一套系列丛书，试图去对中国城镇化问题进行解答，并尝试提出政策性的解决方案。但是，我们深深感觉到，研究还是不够深入，与宏观政策的结合度还面临着现实的挑战。特别是如何把城镇化问题和宏观经济决策问题有机地结合起来，对于城镇化进程中的规律性认识是否能够系统全面地剖析和解答，对于城市发展相关的问题是否能够进行整合研究，如何把改革和发展、传统和现代、制度层面和新技术层面等融合在一起，显然还有太多的事情要做，还有太多的课题等待研究。

我们的团队面临着研究的压力，既要完成政策咨询报告，还要等待决策者的认同，同时还要帮助地方城镇政府矫正发展思路和观念，这几点的难度几乎是同等。我们也在通过务实推动，力图在一些试点城市进行改革和发展的尝试，试图通过企业和市场的力量，从微观层面拉动城市发展模式的转变。当然，也在充分利用国家发改委的大平台和后盾，从宏观和国际两个方面尽全力地施展身手。目前的大背景已经提供了非常好的平台和机会，特别是国家发展改革委领导和有关部门的支持，使我们已经在一些研究领域和务实推动方面取得了有限的进展。但是我们看重的是预期，是未来对于共识和认可的预期。我记得一位领导同志曾经讲过，在中国很多事情是要靠倒逼才能实现转型。前些天在一个企业家交流的平台上，我听到了一个企业家说的实话："如果两年前您讲这些发展理念，我们不可能听进去，因为那时候我们日子过得很好。但是现在我们要听进去，是因为形势逼得我们不得不转型。"最近，上到市长下到企业家，类似于这样的话经常被说起，但是实际的推动难度还是超出我们的想象。

　　我还是有很多遗憾，就是许多想法只是通过讲话、论坛发言的形式积累成册，并不能踏踏实实坐下来，系统性地整理和分析。所以展现出来的所谓著作，只是碎片化的灵光一现的组合。我期待着自己也要发生转变，能够有时间向所有关心城镇化的读者奉献出系统性的研究成果。

　　感谢我们团队中每一个成员所做出的努力，特别是政策研究和试点指导处在基础调查搜集资料方面所发挥的作用。特别要感谢的是徐勤贤和钟笃粮，徐勤贤女士在百忙之中，帮助我查询资料、编辑PPT，她和钟笃粮先生不辞辛苦地对我在各种不同场合的讲话进行了录音整理，耗费了大量的时间和精力。对他们在本书中所作的贡献，我表示充分的敬意。

　　每本书都是遗憾，虽然我总是希望可以做得更好。不过希望还是在未来，我将尽快把我关于中国城市发展和城镇化的系统的想法和思路呈献给读者。

李铁

2015 年 12 月 14 日

目录 >>> CONTENTS

## 第一篇 京津冀一体化

## 第二篇　产业选择与发展

## 第三篇　转型与改革

# 京津冀一体化

# 京津冀一体化的特点、挑战和政策难点

当这个城市有足够多优质资源的时候，一定会有大量所谓的中低端资源的配套。白领、企业总部的老板，包括大量的高档饭店，需不需要服务员、需不需要清洁工人、需不需要快递、需不需要保安、需不需要保姆？

制定一个政策的时候一定要想每个人的选择。北京市区有这么多的优质资源，它还会承载未来城镇化的人口。

## 一、最大特点是"行政色彩"

京津冀一体化，首先是一个区域问题，中国的区域问题和国际不太一样，我们首先要了解中国的区域特点。

（1）以行政区为主导的区域发展大框架。行政区导致基础设施的配置和公共服务体系的供给在某种程度上相对封闭。

（2）区域内有不同等级的行政区。通过不同层级的城市来体现，使城市的等级和行政区紧密联合在一起。

（3）中国的区域在某种程度上是相互竞争的关系，而不是协作的关系。行政区域的政绩考核和公共资源的供给差异，导致这种竞争在近三十年，特别是近二十年来，越来越激烈。在这种竞争格局下，大量政府配置的要素和资源价格被大大压低。

（4）自然、环境和区位条件不同，区域发展呈现出不同的特点。所

本文为作者在国家发改委城市和小城镇改革发展中心与新京报社共同举办的"2014 中国城镇化高层国际论坛特别对话——京津冀一体化如何突围"上的主题演讲，发表于《新京报》，2014 年 5 月 6 日。

以，不同区域的协调发展与合作规律是不一样的。

在这个认识框架内，如何认识京津冀一体化？

第一，京津冀是中国行政区划中最具有特点的一个区域，具有强烈的行政色彩，包括两个政治局委员领导的北京和天津，以及两个中央委员领导的河北省，但它在区域等级上是不对等的。

第二，在整个京津冀协同发展中，一系列思维方式都是以"保北京"为前提提出的，这就使整个区域出现了不均等的机会，也使资源配置出现了巨大的空间差异。

第三，由于历史的原因，也有发展阶段的原因，三个地区的发展呈现不同的特色。北京通过绝对的行政权力和行政机构设置高度聚集了服务业，尽管也有很多工业，但是以服务业发展为重要特色。天津是传统的工业城市，工业化已经发展到中后期阶段。河北在"保北京"的前提下，享受不到北京对它产生的各种功能辐射，大量的人才资源还被吸引到北京，只能在已有的资源条件下发展特色产业，比如铁矿、煤矿，所以发展钢铁工业。而在发展阶段、人均投资水平、人均财政收入上，三地有非常大的差距，"环北京贫困带"就明显呈现出这个差距。

第四，在各自不同的发展阶段下，整个区域中出现了激烈的同构竞争。大家都希望按照中国城市发展模式获得更多的优质资源。河北在环北京经济圈的规划中，确定了沿北京的 14 个试点城市，在他们各自制定的城市发展规划中出现了竞争的姿态。从北京的角度讲，应将低端产业向河北等城市辐射外移，但是河北则希望吸引北京更多的优质产业进来，例如北京周边 14 个城市提出的概念同构，都希望把北京的房地产项目移到本地。在都以房地产发展作为重大依托的情况下，周边的中小城市形成了同构竞争。这种态势不仅没有得到资源特点的互补，反而产生了激烈的竞争，加剧了封闭。

第五，公共服务水平差距巨大，使这种合作变得越来越不可能。最大的问题就是户口。北京的户口只能和上海对调，和天津都不能对调，更不要说河北的中小城市了。这种户口所带来的优质公共资源的福利化供给，会使大量的其他资源和人口，为了享受这种福利偏向于向北京集中。2008 年以后，北京的招商引资为什么具有绝对的优势？就是因为有福利供给的特点，使这些资源更多地集中到北京。2008 年到 2010 年这三年，北京年均人口增长 80 万，和它加大招商引资的力度有直接的关系。

## 二、行政主导易导致"虚化"

在这个体制下研究京津冀一体化，确实是一个巨大的挑战。现在研究京津冀一体化不是按照传统的方式，而是要更多强调市场化资源的配置，但是在以行政为主导的时候，原来的协作变成了还是"保北京"，使整个一体化的概念变虚了。

挑战之一，到底是"保北京"还是促进协同发展？京津冀和长三角、珠三角不一样，上海的工业对长三角，包括浙江、江苏形成强烈的辐射，香港服务业的辐射则带动了珠三角商业的发展。可是北京对周边缺乏辐射能力，20 世纪 80 年代以来北京对自己辖区内都缺乏辐射能力。所以我们看北京郊区的乡镇企业比天津、浙江、广东的差很多，因为北京工业很小，而且管制得非常严。在这个前提下，怎么样发挥对河北、对天津的辐射作用呢？

挑战之二，天津和河北在发展中还有强烈的同构性，都是发展工业。只不过河北以民营为主，天津发展水平要高一点，已经跳出了钢铁工业一家独大的趋势，发展多元化的现代工业企业。

挑战之三，市场关心的和我们研究所关心的完全是两码事。有传言说"保定要成为政治副中心"，一下子把保定房地产价格大幅度抬高了，我想这是中央不愿意看到的。河北制定京津冀一体化的时候，更希望通过北京优质资源外移，以帮助河北解套，他们在过去三年大拆大建的过程中走了一些不正确的发展路径，建了一些生态城，由于后续没有资源的供给，这些生态城面临成为"鬼城"的危险，于是试图通过一体化把资源给唐山、廊坊等地，使这些新城重新起死回生。

## 三、难点在优质资源配置

对中央来讲，制定京津冀一体化政策，要面临以下几个具体的问题。

第一，北京到底以什么样的心态来面对一体化？因为把雾霾、交通拥堵等问题都归结于人口过度膨胀，就通过人口外移和控制人口的方式缓解"城市病"吗？这个是要进一步去考虑的。当这个城市有足够多优质资源的时候，一定会有大量所谓的中低端资源的配套。白领、企业总部的老板，包括大量的高档饭店，需不需要服务员、需不需要清洁工人、需不需要快递、需不需要保安、需不需要保姆？可是这些人，他们购买东西是会到大商场、超市，还是去和他们收入水平相近的小饭店、小零售商、小市场呢？这就是所谓低端产业的来源。当城市有大量精英人士聚集的时候，会需要更多的服务。以排斥人口的方式来缓解北京城市压力，进行京津冀一体化，这不是一个好的方案。北京还有一系列中低收入人口需要充分的就业来支撑。

第二，很多人提出把北京优质资源外移，我认为应该从增量优质资源上考虑。制定一个政策的时候一定要想每个人的选择。大量的优质医院、教育资源是不会迁出的。所以优质资源增量放缓进入北京应该是一种措施，新增的一些总部、大学新校区是不是考虑不要集中到主城区？可以分布到北京的郊区，或者到与河北交界的地方去。即便解决了增量，人口还是会继续向北京市区集中。市区有这么多的优质资源，它还会承载未来城镇化的人口，只不过放缓了增长速度，给未来改善基础设施提供了时间。放缓增长速度应该是一个主前提。

第三，如何发挥市场机制的作用。人向哪里去，政府不应该通过行政的方式来规定，而是把路径搭好，让他们自主选择去哪里。现在的问题是基础设施资源的配置被行政分割，如果我们在这三个地区建立交通资源的配置体系，由中央政府引导民资、外资的力量来修建交通，根据人口的聚集方式来选择运输承载方式，市场就会确定人和技术等要素向哪里去。很多北京市的居民觉得雾霾很严重了，想到外面去选择一个适合生活的环境，他会自主选择，这是整个一体化非常重要的前提。

第四，北京对外辐射的最大优势是服务业。怎么样通过交通设施的改造，加快服务业对周边地区的辐射，形成新的增长点，这是我们研究政策的时候需要认真考虑的。

最后，中国城镇化高速增长还要持续二三十年，不是一年两年就完成的，京津冀一体化政策的实施也不会在一两年就完全落实。只有在这些大前提下，以市场化为主导，政府做该做的事情，制定长期的发展政策，京津冀一体化的目标可能就更为合理。同时我们不能期望在十年内就可以出现一个所谓合理的城市布局，三十年形成的框架、结构、人口和产业的组合，不可能瞬间搬出北京。如果要这么做，肯定是短期行为在主导着京津冀协同发展的思路，最后还是事与愿违，并可能造成巨大的社会资源的浪费。

其实重点在于思路，在于机制的建设。所以，我个人认为京津冀一体化的规划，重点在于机制建设，通过十年的努力，形成协同发展、市场主导、政府规划的合理机制，才是最终的解决问题之道。

# 京津冀一体化及区域内城市发展路径

中国的区域问题和国际不一样，中国是行政区，有几个特点：第一，行政区之间的公共服务水平有差距；第二，整个干部的考核按照行政区进行；第三，财政是行政区财政，和区内资源、产业联系非常紧密；第四，基础设施按照行政区来配置，除大的基础设施是国有外，其他都是行政区所有；第五，行政区对外界不完全开放；第六，整个体制决定行政区之间是竞争关系，互补或市场发挥的作用相对薄弱。

## 一、区域差异使得北京和河北存在相互的负面影响

从独特的行政区特点看中国的三大都市圈，上海和周边城市已经形成了市场化的机制，长三角地区的城市发展由工业带动，到一定规模后进入要素流动的市场化。京津冀都市圈里，环北京是贫困带，有四方面的原因：第一，北京过去不是一个大工业城市，技术也不是很领先，对周边的辐射很差。第二，北京对周边的管制比较强，周边地区的人口到北京，要么跑政策，要么告状。当北京这些年把资源过度集中的时候，与周边地区差距越来越大，大量的人才要素被吸引到北京，使这些地方丧失了发展机会。第三，北京周边地区在发展过程中很大程度上要保北京一汪清水、一片蓝天，牺牲了自己的发展，比如张家口和承德。第四，周边地区借不到北京任何力量的时候，只能寻求自我发展的路径，但这导致两个区域之间的矛盾。

河北最大的资源优势是矿，包括煤矿、铁矿，这奠定了唐钢、首钢

---

本文根据李铁与人民日报分社社长的对话整理，2014 年 6 月 13 日。

等钢铁企业的基础，以及河北的钢铁工业和冶炼业基础。然而，北京和河北两个区域不同步，北京按照发达国家标准要求，容忍不了传统行业对其产生的负面影响，要求周边调整产业结构，这等于限制河北发展。20世纪80年代全社会对环境等问题是没有认识的，但是现在不行，如果20世纪80年代河北有现在的产业就发达了。相邻地区的发展会形成相互的作用。现阶段北京对河北是负面作用，反过来河北对北京也是负面作用。河北整个工业处于工业化中期，是全中国增长速度最快的省，如果不挨着北京，发展会很好。

## 二、京津冀协同要靠基础设施和公共服务跨区域配置带动

京津冀下一步发展中，有一些改革措施可能释放城市活力。第一，中央统筹协调京津冀的交通规划；第二，改变基础设施地方垄断的格局；第三，把北京的一部分职能从增量角度外迁；第四，在京津率先试验公共服务一体化，逐步实现公共服务同城化。

公共服务一体化，比如北京的医院、学校向外扩散，需要政府和市场的双重作用。政府可以在增量上严格控制，比如大量新增机构的人，可以政府提供土地，让他们在北京辖区16800平方公里的范围内甚至到河北自主选择地方。中央政府和有关事业单位的新增职能、大学新增校区、北京市相关职能等外迁，可以在北京郊区、远郊区或者在离北京50～60公里远的京冀边界上，以现有中小城市为依托，规划一些新的区域，从投资的角度，在空间规划、未来的公共服务政策、基础设施上，打破行政界线，包括把交通设施配得更好一点等。整个规划中，不能只想着给精英创造空间，也要考虑社会底层的外来人口，给他们提供生存的空间。规划好了，市场会自动跟进。

对北京而言，首先不能再要求别人无限支援，要对周边反哺。通过职能的外移、全区域基础设施的重新配置，包括服务业对外的辐射，来改变现状。比如交通，燕郊离北京中心31公里，大量人到燕郊买房子，因为那儿房价便宜，但轻轨却迟迟不修过去。北京周边有14个县，如果及早规划，把断头路打通，很大程度上会缓解北京的压力。为什么北京

不愿意做呢？因为房地产是政府财政的重要收入来源，如果轻轨过去了，可能导致北京房价下跌，影响到政府的财政，影响包括公共交通补贴等大量公共服务的补贴，如地铁每年将近200亿的补贴、60%基础设施的投入等，财政支持会大大下降。

实现一体化首先是基础设施资源配置一体化，包括交通。对天津而言，要想和北京唱好双城记，要做到三个方面：第一，涉及两个城市的大的公共资源分配，中央要协调好。比如现在北京建首都第二机场，其实天津机场还没有得到充分利用，天津到北京的城际通了，但没通到机场。如果把京津城际修到天津机场，比修第二机场成本要低很多。围绕北京新机场的一系列产业布局也有问题，虽然现在规划了航空港，但事实上航空港绝大部分不会成为城市。和传统的港口不一样，海港需要停留装卸货，会产生相应的服务，但航空港是快速集散地，形成城市的概率比较低。第二，推动公共服务体系一体化，比如户口同城化，这看中央能不能下定决心。第三，中央政府在北京的一部分职能可以向天津转移。天津靠海，过去直隶在天津，海关、外交都在天津，现在可以在京津两地资源合理配置下实现北京部分职能向天津转移。

对河北而言，全省7200万人口，城镇化率才40%多，还有近60%的农业人口，他们需要门槛比较低的非农就业。他们适应不了北京大量的优质产业就业，因此要尊重规律，从低端、弱小起步，大城市不行就到中小城市，能招商引资进来规范一下，不要产生环境污染就可以。这个过程中，城市要进一步放长身段，可能需要经历20年、30年的发展过程。

靠计划的方式扶持河北的一些中小城市不是好主意，计划带有强烈的主观性，一定有偏差。中心、副中心是完全计划经济的说法，很多城市希望通过行政手段夺取资源，作为所谓的副中心。河北省整个思维都建立在这个基础之上，想这样把唐山、保定、石家庄等激活，这是违背规律的。要想提高北京周边中小城市的发展水平，就要打破三地的区域界限，把交通断头路修好，包括高铁、普通铁路、轻轨和高速路，还有一般性的公路等，交通配置好之后，资源会自动选择。允许市场发挥作用的时候，资源可能会向某一个地方集中，这个集中点就是未来新城的生长点，自动生成新城的发展机制。市场的作用在未来的指导性可能更突出一些，希望获取更多行政资源的思维方式需要改变，中央能给予的行政资源将会越来越少，更多的由市场来决定。

## 三、京津冀协同需要明确不同地区和城市的功能定位

各个区域、城市、小城镇，要找到自身的功能定位，根据功能定位整合相关要素。比如太行山区是生态区，定位生态区后，国家就要相应给予生态补偿机制。功能定位的确定取决于三个方面：第一，中央政府怎么考量，各个城市应该发挥什么作用，能干什么、不能干什么；第二，取决于其在过去几十年、几百年形成的功能；第三，市场可能决定的不确定因素。北京是政治中心、文化中心，不一定是金融中心，但肯定不是工业中心；天津建了滨海新区，是工业中心，又定位金融中心，但是金融较弱，工业则是既定的格局；河北大部分城市很难界定，例如崇礼以前是国家级贫困县，什么都不是，但现在一跃成了北京最重要的一个旅游地，缘于一个偶然的机遇。几个人到那建了一个滑雪场，很多北京人去滑雪，因为它具备这个资源禀赋，旅游业才发展起来，但这不是政府规划的，是市场发挥的作用。一个地方、一个城市的发展定位，有明确的中央要求的，有既定的、历史的发展历程决定的，也有不确定性，这和政府招商引资的力度、条件、偶然的机遇都有关。

北京周边 14 个城市比较大的问题是同构性竞争，各地都提所谓生态化的理念、高端发展的理念，以吸引北京人，但北京人口有限，而且已有自己的选择区域，其他城市提出同样的理念，不仅产生竞争，也会影响资源进入。河北和北京最大的差距是经济发展水平的差距，各城市要考虑可能吸收的外来人口的来源，要想外地人为什么会来，要考虑到周边有数个地方的同类竞争。

整个北京周边的城市特点和需求是不一样的。北京南边的城市想吸收像望京、燕郊那样的人口是做不到的，人们到燕郊不是发展产业，而是到那买房子，南边的发展路径则是依托已有的产业。例如固安县，有温泉，还有几个基地，这是相对独特的优势。但现在这些优势并不突出，

因为北京有温泉的地方太多。固安和北京产业结构不同，还要走工业带动。现在北京有一些产业在向南推，已经过五环，正向六环迈进。固安正好经历工业化推动城市化发展的时期，因此吸收工业快，招商引资力度大，发展就快。固安在北京正南，北京南部的工业自动向固安靠，工业集聚促进固安整个产业基地产值增加，财政收入增加。

城市化发展有一个过程，第一阶段"城"先随着"市"兴起，到第二阶段，城市靠工业化推动。城镇化率达到 70% 以后，服务业成主导，工业要远离城市，一是需要低成本土地，二是工业产生噪音和污染，城市不能容忍，三是工业从业人口收入偏低，需要价格相对低廉的消费品。

服务业为主的产业，每个城市也不一样。燕郊靠生活服务带动；昌黎地理土壤条件适合产葡萄，所以有葡萄酒产业带动；崇礼则完全通过滑雪带动家庭旅游。可很多城市官员对城市不了解，又有强烈的主观性，在制定规划的过程中，往往会出现很大偏差。例如北戴河，是受北京辐射的，离北京很远，两个半小时车程，每年 1500 万的旅游人次，大部分都是京津去的，大连人、山东人肯定不会到那儿去，而且这些消费人口夏天到海边，不去天津，只去北戴河，如果没有北戴河，就不会去秦皇岛。北京辐射不是完全按边界辐射，是不均衡的，如石家庄、邯郸、沧州等城市，北京没有能力辐射他们。

## 四、功能定位决定城市发展路径，忌讳不切实际的主观性规划

北京周边城市的发展，不要建面子工程，也不要幻想北京有资源过来——当然能争取更好，有几个方面可以考虑：第一，抓住京津冀一体化的大形势，考虑适应人口、就业和环境的交通网络配置，打造方便、简捷、便利、低成本的交通渠道，提高通达性，带动人的自然选择；第二，不要追求大规模招商引资和大规模房地产开发，大规模房地产开发已经走过几十年，楼盘过大、面积过多，销售等问题越来越大；第三，降低城市发展成本，改变城市开发模式，尝试搞小块土地出让，吸引大量在北京没有投资机会的小投资者，创造更多的服务业。台湾地区服务业发展活跃，是靠居民在自己家几十平方米土地上的一个个门面搞经营，

一家一个品种，到现在 60 多年了，已经形成了有特色的服务业。日本、欧洲的家庭式旅馆很多，但我们国家基本上抛弃了。我们很多商业街被房地产开发掉了，相当多的老城被开发掉了，服务业就相对衰落。城市发展进程中，要特别注重两条腿走路，同时注重工业化推动和服务业推动。

远离北京的城市要发展，可以有几方面考虑：第一，根据自身的优势，调整结构；第二，给服务业提供空间，解决居民就业问题，这应该是当前大部分城市的重点；第三，进行改革，给中小城市提供更好的、更有活力的制度环境。很多城市政府该管的不管，不该管的乱管，盲目想走跨越发展道路，想提高城市的档次，导致城市包容性差，这种错误很普遍。现在的人口结构和就业环境需要低成本的空间，一类是制度空间，一类是基础设施空间。很多政府没有考虑到这个问题，都想招商、办豪华工业区。现在河北很多城市一提发展就提一个很大的框架，比如霸州的某个镇，规划了 50 平方公里和 50 万人口，并按照 50 万人口把交通全部修起来了，环路都修了。可是十年前只有 12 万人口，平均每年才增长 2000 到 3000 人，规划却设计未来每年增长 3 万人。这种规划比比皆是，从来不考虑经济能力能不能支撑，不考虑城市发展水平怎么样，城市成本一抬高，企业成本也要增加，就业成本也要增加，成本提高了，人就进不去。

京津冀有这么好的两大城市核心资源，要形成带动中国的新增长级，第一需要时间，时间是一个越不过去的坎；第二要考虑到两个核心城市的特点；第三，取决于国家怎么投入。要尽量按照市场的方式，复制长三角、珠三角过去的发展模式也不是不可能，前提是先把制度、基础设施和环境打通。当年长三角、珠三角没有这么多问题，农民拿地就建工厂，整个珠三角和长三角一样，沿路全是工厂，而且没有什么管制。发展到一定程度，上面把财政资源吸走了，吸完了就建大城市，所以省会城市、地级城市都很好。京津冀不同，最大的问题是没有当年长三角、珠三角发展的基础空间了，所以只能靠中央在配置资源的时候打破行政区的约束性，促进要素的市场化流动。

# 京津冀协同发展与新型城镇化

2015 年 9 月 10 日，李铁在"2015 大连夏季达沃斯论坛"期间接受网易视频的专访，就京津冀协同发展战略、城镇化阶段的判断、城镇化转型的特点以及人口向大城市集聚的规律等问题展开深入对话。以下为李铁与记者对话内容。

## 一、京津冀协同发展要交通先行，破除壁垒

**记者：**京津冀协同发展战略提出来到现在，产业转移上的进展如何？这个过程中暴露出来哪些要注意的问题？

**李铁：**从我知道城镇化开始，在京津冀地区，无论是北京、天津，还是河北都提出过相应的发展思路，而如今的京津冀发展规划的战略思路和各地传统的战略发展思路有所不同，我们相信未来 5 年到 10 年，京津冀地区会有很明显的改善。《京津冀协同发展规划》刚刚颁布，我们不能迫切地要求京津冀地区马上就发生巨变。

但是，我们需要再进一步研究产业转移规律，并分析京津冀间的产业分布特点。事实上，京津冀的产业不像我们想象的，就是传统的产业转型模式，比如，向北京集聚的会是什么产业？而北京向河北转移的会是什么产业？我想，随着北京未来的发展，如果北京制订的规划目标还要求工业向北京集聚的话，那么会有很大的问题。所以，未来进入北京的新要素，更多的要考虑服务业产业的发展以及北京市对人口的控制。

---

本文根据李铁在"2015 大连夏季达沃斯论坛"期间接受网易视频专访的录音整理，2015 年 9 月 17 日。

另一方面，北京对周边城市的辐射更多的是以服务业为主，它对河北、天津，尤其是对河北的服务业发展有很强的带动能力。举个京张申奥的例子，张家口市为什么可以联合北京一起申奥？就是因为它毗邻北京，首先受到北京滑雪爱好者的需求辐射，拉动了旅游业和滑雪产业的发展，进而带动了崇礼县的发展。其次，申奥以后会带动基础设施的改扩建，推动高速路的建设，并带动交通设施条件的完善，区位条件也进一步优化。交通等基础设施条件的变化使得北京和张家口市空间和时间距离进一步缩短，对张家口市服务业发展起到很大的带动作用，进而大大加快了张家口市和崇礼县的发展速度。比如，京张联合申奥结果宣布的当天，张家口市的房价就上涨了，张家口市崇礼县沿街的店面租金也涨了；崇礼县城在 10 年前只有 3 家饭馆，但近几年如雨后春笋般冒出了几百家饭馆；过去饭馆都是单一的口味，而现在不同的风味美食竞相呈现给消费者；现在还出现了酒吧、咖啡馆、茶楼等形态的餐饮服务业。这些日新月异的变化皆是针对北京的消费者群体而生，因为它和北京经济结构、消费需求，以及自身区位条件的优化紧密结合，并相应催生了各种发展变化。

之前我们谈张家口的变化，主要反映在冬季的人流、物流的变化上，然而当北京交通基础设施配置发生变化后，必然会进一步带来夏季的要素流动变化，并且全季节旅游不可能仅仅局限、浓缩在崇礼一个点上，而是会进一步向周边的沽源、张北、蔚县辐射，进而使得整个地区发生变化。与此同时，这些被辐射的地区要与北京消费辐射和服务业外溢的发展趋势相适应，需要调整自身的战略结构，从环境污染重、资源消耗高的传统工业发展模式，转向环境和资源友好的服务业发展模式。为了适应北京旅游人群的需要，该地区就必须要优化生态结构、资源环境，比如提高张家口地区的水质及空气质量、改善植被条件等。那么，有了这些产业特色和优势条件，有了北京服务业转移的经济发展战略，两者的结合碰撞就会带来"火花"，使得地区发生日新月异的改变。

**记者**：您以前在谈京津冀问题的时候提出过交通是非常重要的内容，那么，您觉得交通应该怎样规划？政府在制定交通规划和交通政策的过程中应该注意一些什么问题？

**李铁**：第一，交通资源配置的变化。我们要先了解过去交通资源的配置方式，这是当前交通存在诸多问题的导火线。在没有京津冀发展战略前，交通设施、资金投入等各种资源要素是按行政区域来配置的。比如，北京市会按照北京发展的需求来配置北京行政辖区内的交通设施。我们在北京与河北的边界地区经常可看到断头路，那么为什么会有断头路？就是因为北京周边的很多城市会和北京的产业形成同构竞争，在传统的发展思路下，北京自然不希望本市房价因周边其他城市的竞争而受到影响，不希望本市大量的优质资源被周边其他城市吸走，所以在交通基础设施等资源配置上，会更多地考虑北京市自身发展，而不会覆盖到周边城市。但是京津冀协同发展战略制定以后，北京市肯定是要扩大其交通配置的范围，并且交通资源配置的权利，恐怕也会从北京市上升到中央政府。那么在京津冀发展规划中，不能仅仅考虑各自行政辖区内的交通资源配置，而是要考虑省市行政辖区间的交通资源配置。那么我们会看到一个可喜的变化，就是断头路的打通。

第二，加快修建轨道交通，降低出行的时间成本。现在，北京轨道交通发展水平远低于发达国家城市的水平。比如，日本东京市郊铁路长达 2013 公里，英国伦敦、美国纽约市郊铁路长度分别达到 3650 公里和 3155 公里，而北京的市郊铁路长度仅有 77 公里。如果未来北京的市郊轨道也能达到 3000 公里左右，当轨道交通条件逐步优化以后，必然会大大加快北京服务业向外辐射的速度，也会带动周边城市，特别是周边中小城市的快速发展。不过，这个变化需要一段发展时间。

第三，交通条件的变化会带来什么改变？还以崇礼为例，企业家选择到崇礼投资，考虑的是什么因素？因为企业发展要和北京的服务业相对接，所以交通条件就成为企业家选择落地的第一个重要因素。尽管崇礼有很好的自然资源条件，但企业家关心的是"从北京到崇礼需要多长时间？"很多企业家明确地说，"只有等高速路修建了，我的场地设施才能开始修建"。从企业家的表态我们可以明白：当高铁开始修建了，置业包括各种设施的投入也会相应增加。所以，在京张成功地联合申奥之后，北京与张家口、崇礼间要修一条高铁；而高铁的运行就使原先开车花 3 个多小时才能到达的时间成本缩短到 1 个小时以内，甚至是几十分钟以内。出行时间的骤减大大缩短了两地间的空间距离，会催化两地间产业发展的融合或对接，必定会给周边城市带来发展环境和条件的巨变。

第四，怎样才能改变空间区位条件？是不是都要修高速，还是要修城轨？我们要考虑出行成本的因素，也就是说对周边城市的交通辐射要重视交通出行成本。过去，我们更多地关注小轿车的出行，于是为了小轿车的顺利出行修建了很多高速公路，但是我们却忽视了人的需求差异，忽视了不同收入水平的人对交通工具的选择会有不同偏好。因此，在建立区域间交通联系的时候，我们要考虑广大较低收入水平阶层的出行需求，降低他们的出行成本。所以未来修建轨道交通，是加大交通通达性、提高出行效率、缩短出行时间、降低人的出行成本的一种交通方式，并且会大大改变京津冀的经济分布格局。当然，还可以加快航空港的修建。航空港在河北和北京的交界，它会不会对河北地区，特别是北京南部地区，产生一定影响？会不会带来人流、物流的变化？这是需要深入思考的内容。不过，可以肯定的是，交通资源配置的变化会从根本上改变京津冀各种要素的分布格局。

**记者：**现在是区域协同发展的战略，以前是行政主导的发展方式，在这个转变过程中，在政府制定的政策中，有哪些方向正在调整？应该注意哪些方面的问题？

**李铁：**我想这是非常重要的问题。第一，打破了地区封锁和各自为政的格局。举个例子，过去在京津冀区域内，跨行政辖区的手机通讯是要收费的，但现在京津冀区域内基本是一个价格、一个标准，而且不收跨地区的漫游费了，这就是一个很突出的改变。第二，基础设施配置上会打破原有的垄断格局。随着市场要素流动的加快，政府的限制会越来越少，各种一体化趋势更加明显，产业一体化、产业的合理分工等会相继实现。甚至，城市也会出现更加合理的分工，比如随着北京服务业资源的外溢，过去以工业为主导的城市会相应调整自身产业结构，自行去适应北京市服务业的发展，进而演变成城市间新的分工格局。这些都将是在京津冀协同发展大战略下，中央推动区域发展的政策走向，逐渐打破行政壁垒，实现要素的市场化流动，大大地弱化行政垄断。我想，未来可能还会进一步的深入调整，而且会对京津冀的空间格局会产生深远的影响。

## 二、城镇化减速不减量，重在转向质量型和集约型增长

**记者：** 中国是一个人口大国，城镇化问题备受关注，也尤其复杂，请您简单介绍一下，我国城镇化正处于什么阶段？

**李铁：** 第一，我国城镇化总体上正处于高速增长阶段，但是在经历了30多年的超高速增长后，在当前经济增长速度下滑的大环境下，城镇化速度相应会较之前的超高速有所减缓。但是，相对减速发展阶段不等同于停滞发展，因为城镇化率依然在提高，城镇人口依然在增加，只是高速增长的空间较之前压缩了，城镇化提高速度没有之前那么快了，新增城镇人口没有之前那么多了。21世纪以来，城镇化率年均约提高1.3个百分点，今后这个速度可能会下降到1个百分点，或者0.8个百分点；但是即便速度降到1个百分点，每年仍要转移1600万人口，而速度降到0.8个百分点后，每年仍要转移1300万人口。可见，虽然城镇化增长速度呈现减缓态势，但城镇人口依然保持数量增长的格局，并没有改变城镇化处于快速发展阶段的实质。

第二，城镇化质量会随着国家新型城镇化规划的推进、城镇化改革政策的落实以及中央"三个1亿人"政策的实施逐步提高。所谓"三个1亿人"目标是指"到2020年，要解决约1亿进城常住的农业转移人口落户城镇，约1亿人口的城镇棚户区和城中村改造，约1亿人口在中西部地区的城镇化。"其一，从目前来看，农民工市民化的1亿人目标，在中部地区会得到很好的落实，进城定居落户的选择权已基本交给农民。其二，农民工返乡创业在县城和小城镇建设中都取得了非常好的成果，像重庆、湖北在农民工返乡创业方面都有很好的试点经验，对产业的塑造、产业结构调整，以及促进外来打工人口回乡集聚，都起到了非常重要的作用。其三，棚户区改造、危旧房改造和城中村改造。中央已提出要加快棚户区改造，并且"让更多困难群众的住房条件早日得到改善，同时，有效拉动投资、消费需求，带动相关产业发展，推进以人为核心的新型城镇化建设。"从这些方面来看城镇化发展，随着时间的推移、中央政府投入的不断加大，以及城镇化相关改革的进一步推进，整个农民进城、外来

人口进城的大格局会进一步完善。

**记者：**新型城镇化有什么特点？

**李铁：**新型城镇化的核心是从数量型增长向质量型增长转变，从粗放型增长向集约型增长转变。其一，"质量型增长"就是要解决农村人口进城后的公共服务问题。当前由于户籍制度改革难以深入推进，使得本地城镇人口和外来人口间存在非常大的公共服务差别。如果市民化政策得以推进以后，那么这种公共服务差别就不复存在，那些在城市就业的外来人口的生活质量将得到提高，甚至会把长期居住地从家乡转移到新的就业地。其二，"集约型增长"，是摒弃粗放发展模式的过程，实现了集约型增长，将进一步提高资源配置效率，使城市出现紧凑型的、生态的、低碳的、绿色的发展形态。这就是新和旧的区别。

要实现由"旧"到"新"的两个转变，应当采取两类措施：一是改革措施，包括改革户籍管理制度、土地管理制度、投融资管理制度等；二是创新措施，要通过创新发展提升城市治理管理水平。当然，我们可以有一系列的创新思路，特别是用"互联网+"带动智慧城市发展等，用创新来实现低碳发展、清洁能源、清洁材料，以及用创新来打造城市发展的生态模式。

**记者：**您觉得，在这个由旧到新的转变过程中，障碍主要在哪方面？

**李铁：**制约由"旧"到"新"的两个转变的障碍就是多年高速增长后累积的各种利益矛盾。第一，这些矛盾不可能在一两天、一两个月、甚至一两年内解决，一定会经历长期的过程。第二，不同的利益群体要相对协调，就像滴滴打车一样，刚进入市场的新生事物，一定会和传统的出租车司机发生矛盾。同样，农民进了城，一定会和城里居民发生矛盾。那么，这些问题怎样来协调、解决？因为各种不同利益主体是分割的状态，会对推进改革形成约束，需要通过政策调整来制定详细的、渐进的改革方案。

## 三、不能违背人口向大城市集聚的普遍趋势

**记者：**现在，大城市的规模已经发展到了一定程度，您觉得大城市

的走向会是怎样的？这个人口向大城市集聚的趋势是不可逆的吗？

**李铁：**第一，人口向大城市集中是一种普遍趋势。由于规模效应，人越多，基础设施的利用效率就越高，所以人口集聚一定会大幅度提高资源配置效率。所以，人口密度高、人口向特大城市集聚，是世界城市化发展的普遍规律。我国城市也不能违背这个规律。

第二，我们说"人口向大城市集聚是普遍趋势"，却不能说这个趋势是绝对"不可逆"的，不过"可逆"也是有条件的。当城市发展到极度扩张的时候，会出现"逆城市化"现象。以北京为例，为什么北京服务业会向周边地区辐射？为什么北京人会到崇礼、到河北其他城市置业买房？因为北京的城市发展成本过高，房价过高，环境成本也高，雾霾大幅度增加，所以人们会去寻找新的价格洼地，寻找更好的生态空间，于是就相应出现"逆城市化"现象。

第三，在城镇化过程中，大家更多地考虑就业和收入增长，像北京、上海等城市提供的收入、就业机会、寻租机会等远远大于其他城市，所以，在城镇化进程中，人口向特大城市的集聚也成为必然的趋势。什么时候这个趋势会有改变？比如，在城市人口发展到 3000 万人、4000 万人了，而当地轨道交通基础设施条件也相应改变的时候，城市要素会自动向其辐射覆盖的区域转移，而不会再向中心区发生集聚。

**记者：**您具体预计一下，大城市发展可能在什么时候出现逆反？

**李铁：**中国有 13.6 亿的总人口、7.49 亿的城镇人口。这些人口的分布，不是落在一个大城市，而是在不同规模的城市中，如 2014 年有 1000 万人口以上的城市 6 个，400 万以上人口的城市 14 个，100 万人口以上的城市 134 个。如何判断哪些城市发展到多少人口才会饱和？以安徽合肥为例，2006 年以来，合肥市平均每年人口递增近 30 万人，总人口已经达到 769.6 万人，城镇人口达到 531 万人，目前仍保持增长态势，而且通过行政区划调整巢湖也被划入了合肥。合肥目前是一个大城市，但是要达到超大城市的 1000 万人口规模，还需要时间。像北京人口已经多达 2152 万了，人口还在集聚，更何况是人口远未达到 1000 万的合肥市。因此，无法判断城市人口到哪个点才是尽头。

**记者：**人口集聚会带来什么问题？如果人口继续增加，怎么解决资源的问题？

**李铁：**人口集聚后会对资源分配起到积极的影响，提高资源利用效率。比如，水资源的利用，现在总听到关于"北京缺1亿吨水"的说法。可是，同样的用水量，20世纪80年代的时候解决了1000万人的用水需求，而现在解决了2100多万人口的用水需求，可见，水资源利用效率是大大提高了。此外，我们的地铁、公交等各种基础设施的利用效率都会提高。

# 申奥给张家口带来的改变巨大

第一，张家口为什么能申办冬奥会？

我想这主要有以下几个方面的原因。首先是市场化的结果。这里的雪场没有政府找的，都是企业家、滑雪爱好者找的，因为有了市场，有了雪场，有了北京的广大的消费群体到这儿来滑雪，我们才有这一片市场化投资的这么好的条件，这种市场化投资规模带来大量的消费者，使崇礼这个城市县城发生了变化。

其次，政府这十来年起到了非常重要的积极推动的促进作用。过去三任领导在创造市场环境和市场条件方面，发挥了重大的作用。

再次，特殊的地理条件。前几天和王健林谈到申奥的事，他心里很酸，说为什么要到崇礼来，说从北京到长白山就 90 分钟。我说 90 分钟得坐飞机去，还要加上车开到机场的时间等，还得花一千多块钱的飞机票，来回两三千块钱，而到这儿开车就过来了，高铁也通了。这独特的地理条件就是依托北京的地理优势和大北京 2100 万的消费人口。北京对周边的辐射不是工业辐射，也不是像长三角、珠三角的外资辐射，它是旅游消费的辐射，这决定了张家口的明天。这儿有天时、有地利、有人和。

虽然张家口申奥经过市场的力量、政府的引导走到了今天，已经走上了一个台阶，但是我想过程比结果更重要，我们不能确保申奥一定能成功，但是申奥这个重要过程，会带来以下几个方面的结果。

第一，品牌的影响力。崇礼原来在中国是默默无闻的一个小镇，一

---

本文根据李铁在 "2013（冬季）中国城市发展国际论坛之分论坛——冬奥会的申办和城市发展座谈会" 上的讲话整理，2013 年 12 月 6 日。

申奥，张家口，包括崇礼，一下有了国际的影响力。第二，资源配置变了。当年林致华选择投资云顶，决定因素是那里的高速公路上马，从张家口到崇礼修了高速公路。那么申奥一定会把高铁和新的高速修下来，会带来整个区域资源条件的变化，这对张家口的影响是巨大的。第三，带来信息流的变化。资源配置过来了，人也会过来，大量的高端人才都过来了，会带来大量的信息，带动整个张家口地区的产业、经济和社会的发展。第四，会带来观念的变化。从一个狭隘的封闭的贫困山区，变成了一个国际化的城市，崇礼、张家口在这个过程中实现了观念的转变，从狭隘封闭的传统的农村思维方式，中小城市的思维方式，向国际化转变，带来的潜力是无穷的。第五，带来整个经济、社会、人民群众收入、就业等的改变。但是，注重申奥这个名，也要更多地去考虑它的实，申奥实际上对城市而言是一个全方位的改变过程。

第二，申奥涉及一个很重要的因素，就是未来的投资和可能产生的效益之间会发生什么样的关系。国际奥委会在批准奥运城市中很注重这一点，就是不能形成投资之后造成严重的浪费，如果大量投资投进来了，奥运会一结束全部闲置，不仅仅造成资源的严重浪费，还造成大量机会的丧失。所以资源的利用率尤为重要。

第三，怎样通过奥运会来带动经济社会的发展。据我了解，全世界很多雪场都不愿意办奥运会，因为办奥运这一年雪场没有经营、没有收入，企业会造成损失，其次奥运走了什么都没了。因此我们还得想想，结合奥运、结合资源的再配置，怎么样才能更好地提高它的利用效率。

第四，还得通过申奥，通过旅游配置的改善去抓住崇礼和张家口未来的发展机会。发展的机会就在于北京的旅游消费业的辐射，张家口要怎么来迎接这种辐射，我判断就是夏季旅游，周一到周五的闲置旅游特别重要。

第五，资源配置规划该怎么做，怎么处理好企业、政府和老百姓之间的关系？既包括基础设施投多少、怎么投、怎么样发挥市场和政府的作用，不能政府全部独揽，也包括在有限的生态空间内，走一条特殊的发展路径，提高它的高度和品位影响。

第六，实现国际化的发展模式。2007年我在给全县干部讲课的时候，讲到东方达沃斯的概念，今天达沃斯工作会议已经在这儿开了，将来崇礼冬奥会发展，达沃斯作为特别支持单位，实际上这个帽子已经戴上了。当然国际化还不只这个，我们生态的、可持续发展的，包括企业经营的等国际化理念，要在企业中间、干部中间、老百姓中间形成广泛的、深入的社会影响。加强学习，掌握知识，"走出去"，"请进来"。

# 京津冀一体化须防再造"特大城市"

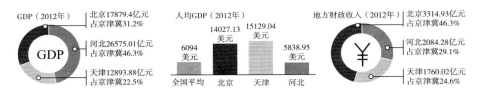

GDP（2012年）
北京17879.4亿元 占京津冀31.2%
河北26575.01亿元 占京津冀46.3%
天津12893.88亿元 占京津冀22.5%

人均GDP（2012年）
6094美元 全国平均
14027.13美元 北京
15129.04美元 天津
5838.95美元 河北

地方财政收入（2012年）
北京3314.93亿元 占京津冀46.3%
河北2084.28亿元 占京津冀29.1%
天津1760.02亿元 占京津冀24.6%

  2014 年 2 月 26 日，中共中央总书记、国家主席习近平在北京主持召开座谈会，专题听取京津冀协同发展工作汇报，强调实现京津冀协同发展，是面向未来打造新的首都经济圈、推进区域发展体制机制创新的需要，是一个重大国家战略。

  京津冀协同发展过程中应注意哪些问题？如何实现多赢，共同发展？昨日，《新京报》记者专访李铁。李铁认为，京津冀一体化要打破行政色彩，充分尊重市场规律，决不能再造出另一个"特大城市"。以下是专访实录。

## 一、各城市要有分工避免恶性竞争

  **《新京报》**：近日，随着京津冀一体化上升为国家战略，为京津冀三省市带来重大利好。目前媒体报道最多的是《首都经济圈发展规划》方案，也就是"1 + 9 + 3"方案，对此如何评价？

  **李铁**：这只是前两年提出的一个方案。可以确定的一点是，无论最后确定的方案是怎样的，京津冀一体化应该是打破行政色彩，突出市场化配置各类资源，防止通过行政手段形成又一个"特大城市"，这才是真

  本文根据李铁接受《新京报》专访实录整理，2014 年 3 月 27 日。

正解决京津冀发展瓶颈的方法。有关部门可以利用市场让各类市场要素在一体化的过程中能够均衡配置，以防止出现资源再分配时过度集中的问题。

实际上，在一体化的过程中，有一种观点是要"保北京"，京津冀一体化是要服务于北京的人口疏解，这只是目前政府的考量。北京承载了那么多的优质资源，当然也必须要承载人口的进入。所以指望通过行政手段，指望完成人口的疏解，来推进一体化，可能存在很多问题，这更多的代表北京市的利益，而忽视了一体化中津冀所承担的角色。把人口疏解作为一体化的目标，无论从短期看还是长期看，都有很大的问题。

《新京报》：你刚才提及在一体化过程中要充分尊重市场化的原则，如何来实现？

**李铁**：目前北京的产业结构是以服务业为主，天津是工业，河北也是以工业为主，不过水平不高。一体化会涉及产业结构的调整，在调整中一方面要注重津、冀工业产业结构的互补性，避免同构竞争，另一方面，北京在服务业外迁的过程中，一定不能让迁入城市的服务业出现同构化现象。北京的服务业如何向外辐射，让河北的就业结构得以调整，应该是京津冀一体化的大文章。

《新京报》：国家有关部门在产业结构调整中应扮演什么样的角色？

**李铁**：国家有关部门不能限定一体化城市应该做什么，但是要限定不能做什么，市场化是原则，行政手段只是辅助。在一体化过程中，增量各大机构也好，服务企业也好，工业企业也好，它可以自由选择地点，但是不能出现各个城市间的恶性竞争，各个城市要有分工，政策上应该有所区别。

《新京报》：由于各个城市的地位不同，有的城市很可能话语权偏弱。

**李铁**：对。这是容易出现的问题。所以，就像我前面讲的，京津冀一体化一定要打破行政色彩，从国家层面对资源、市场要素全面统筹考虑，全面协调，避免这样的情况发生。

## 二、公共服务资源应逐步互通互联

《新京报》：有学者认为，在京津冀一体化过程中，各大中央机构和教育机构应该逐步迁出北京。

**李铁**：这是存量和增量的问题。所谓存量，指的是现在已经在京的各类政府机构、事业单位和教育机构等。增量是指要新建的各类机构。在这方面我想应该尊重一个事实，就是北京未来人口的增长是一个不可避免的趋势，因为北京已经集中了大量的优质资源。当前的政策只是要放缓人口增长的速度，为基础设施的改善提供时间和空间。因此，政策的重点应该是解决增量的问题。就是新增的人口、产业、企事业单位不能再落户到北京，外来人口的增长速度也根据产业政策、优质资源的再配置政策适度放缓，这是要通过行政和市场双向调节的。

**《新京报》**：具体来说呢？

**李铁**：例如，政府要限制工业企业和央企、总部，新的教育、医疗资源的进入，要限制各类单位新增编制和机构向北京迁徙，但是可以选择北京市周边的中小城市和津冀的中小城市落户。

**《新京报》**：如何让增量迁出的积极性更大一些？

**李铁**：首先这需要迁入地在交通、公共服务方面能达到和北京相似的水平。另一方面，增量机构的待遇问题、户籍问题，需要和北京是相同或者类似，这样迁出人员才会有更大的积极性。

**《新京报》**：在执行层面，应该如何操作？

**李铁**：总的思路应该是打破三省市现有封闭的公共服务体系和资源体系，让三省市逐步实现互通互联，转移人口可以享受到和北京同样的公共服务水平和资源。

## 三、一体化要强调京津对河北辐射

**《新京报》**：与长三角一体化和珠三角一体化相比，京津冀和它们的异同点有哪些？

**李铁**：长三角在发展初期主要通过上海的工业辐射，国有企业的带动，江浙在经济战略层面上的开放推动了当地民营经济的发展壮大。珠三角发展是通过香港的外贸、服务业的带动，形成强大的订单产业。现在反观长三角和珠三角的发展，它们的共同点是互补性很强。而京津冀之间的互补性不明显。

**《新京报》：**主要体现在哪些方面?

**李铁：**北京的服务业辐射主要是在城市内，对周边城市的带动较小。天津的工业辐射也主要是对下辖区域的辐射，对河北的带动不大。北京是政治中心，天津是港口城市，在优势上河北无法与这两座城市比拟，这也是发展相对落后的原因之一。所以，在京津冀一体化中，一定要强调京津对河北的辐射功能，这个非常重要。

**《新京报》：**有人讲由于京津无论是政治地位，还是经济地位，都比河北强势很多，所以以往虽然也讲一体化，但是效果并不明显。

**李铁：**这就是以往行政区域思维的弊端。北京、天津都希望把最好的资源放在本市，不希望外流，但是这又会导致城市管理出现问题。所以一体化要打破"一亩三分地"的行政思维。国家有关部门作为总的协调部门，要让三省市间交通等基础设施贯通，公共服务实现流通，这才能实现一体化的目标。

**《新京报》：**如果要设计一个时间表，京津冀一体化何时能形成一个雏形?

**李铁：**时间上不好讲。我想现在可以考虑10年内京津冀一体化会形成一个好的有效的机制。剩下的时间留给市场，让市场去合理配置，通过市场化，各个城市都能够健康有序的发展。

# 把脉京津冀一体化

　　区域发展在中国和国际上有着根本的区别，因为中国的资源配置路径不同，区域之间的关系不同。因此在制定中国的区域发展战略时，一定要考虑到区域之间的特点，空间管理体制上的格局，政府和市场如何发挥作用等。研究京津冀一体化战略，也应该遵循这个大的原则。

　　从中国现实政治经济体制出发，京津冀一体化问题，确实是一个十分费解的政治、经济和社会难题。这里既不同于珠三角经济圈，是珠港澳之间和省内几个发达地市之间的竞争和合作的关系问题，也不同于长三角经济圈，上海对苏浙两省的经济辐射作用占主导地位，而政治上几乎没有更多的影响。北京作为首都，具有特殊的政治地位，其他经济和社会的问题都处于从属地位，站在这个角度谈京津冀一体化，可能不像珠港澳合作或珠三角内部的协调合作机制，或者是沪浙苏三地的合作那么简单明确。

## 一、为什么要搞一体化

　　京津冀一体化的核心是要解决北京的问题，是从北京的角度出发，从北京近些年发展中出现的问题出发。如何化解北京的城市病，是京津冀一体化的关键。近期的引爆点估计是北京日益严重的雾霾问题，毕竟雾霾已经使得北京这个千年古都、历史上藏龙聚气的风水宝地，变成了不适于人类居住的地方。

　　作为党中央、国务院的所在地，中国几乎绝大部分的政治和社会精

---

本文发表于《财经》杂志，2014 年 3 月 27 日。

英云集的地方，而且还代表着所谓中国改革开放成功的形象，如此众多的诸如雾霾、交通严重拥堵、房价高涨、基础设施配套不足、抗灾的能力低下等问题都集中在北京，如何化解这些矛盾，减少社会不满心理，还北京一片蓝天、清水、绿地以及清静，或许要从大的空间格局入手来考虑。

例如，雾霾的源头之一，在于河北的产业结构和煤炭燃放；北京的外来人口，河北也是大头，等等。如果能够从空间格局上重新配置资源，发挥天津和河北的空间调节作用，北京的压力可以大大缓解。例如上海和江浙，在空间上就充分发挥了互补作用，长三角整体发展水平相差无几。珠港澳和珠三角之间的互补作用也十分明显，发展水平也日益接近。

如果从解决北京发展中面临的困境入手，谈京津冀一体化的大格局，这与以往的区域发展规划和战略有着根本性的区别，何况还要考虑到国内现实中的区域之间、不同行政区划的关系。

## 二、京津冀区域合作的特点

实现区域合作，要分析区域之间的特点。京津冀和珠三角、长三角最大的区别是：政治的考量要大于经济的判断，区域之间的差距十分明显。首先从下列数字可以看出京津冀的差别。虽然从 GDP 总量上看，京津比河北要小很多，但是由于人口的差距，人均 GDP，北京和天津分别是河北的 2.37 倍和 2.5 倍。而从人均财政支出上看，北京相当于河北近 4 倍、天津近 3 倍。

从另一方面看，京津冀三个行政区划政治地位的差距更是十分明显。京津是直辖市，各有一名政治局委员，而河北仅仅是省级区域。北京作为首都的特殊地位，无论是河北省还是天津市，在资源配置和行政协调的关系上都处于从属地位，这种政治和经济地位的严重不对等，严重地影响了区域之间的合作和协调。

保北京为前提涉及产业的发展、资源的供应、环境的保护等，要优先考虑北京，天津和河北必须以此作为前提。显然，河北省作为最弱势的行政区域，要做出更大的牺牲。以水资源为例，在河北省人均水资源也极为紧张的情况下，仅 2008～2012 年，河北向北京应急供水总量就超过 10 亿立方米。承德至天津的"引滦入津"工程，每年为天津提供的水资源总量超过 5 亿立方米。虽然京津两市都对调水给予补贴，但水源地的生态保护要求高，对产业发展也提出了严格限制。

区域间的公共服务水平差距较大。北京集中了全国最为优质的教育、医疗等资源，是全国其他地区无法比拟的。全国排名前 50 位的大学中，有 9 所在北京；北京有 51 所三级医院，约占华北地区三级医院总数的 24%。京津与河北省高考入学机会差距大。

例如，2010 年全国高考，北京本科录取率 54.9%，其中，一本录取率 20.1%；天津本科录取率 59.1%，其中，一本录取率 19.7%；河北本科录取率 34.6%，其中，一本录取率仅为 4.4%。河北本科录取率约为京津两地的 60%，而一本录取率不及北京和天津的四分之一。因为公共服务水平的差距，京津冀区域之间的户口不能平等对换，天津的户口进不了北京，河北的户口进不了京津。

三地产业结构的差异也十分明显。北京因为是中国的政治中心，经济发展以服务业带动为主。2011 年，三次产业结构为 0.8∶23.1∶76.1，城镇化率达到 86.2%。天津仍是一个工业城市，二产占主导地位。2011 年，三次产业结构为 1.4∶52.4∶46.2，城镇化率达到 70.7%。河北省在产业结构上与天津同构，但水平较低。2011 年，三次产业结构为 11.9∶53.5∶34.6，城镇化率为 45.6%，低于全国平均水平近 6 个百分点。

政治和经济结构的差异，使得京津冀的发展很难实现互补，津冀从属的政治地位和河北落后的环北京贫困带，在一体化中的劣势，明显的需求是获得政策支持或者是自行的赶超。

## 三、京津冀存在竞争关系

很多人提起特大城市，都特别要强调这些城市对周边地区有经济的辐射和带动作用，其实要因城市而异。珠三角的发展一定和香港有关，长三角的发展一定和上海有关，但是京津冀周边的发展至少在完成工业化进程中，与北京的关系不大。20 世纪 80 年代，珠三角和长三角的乡镇企业县域经济最发达，而北京行政辖区内几乎没有多少乡镇企业，天津的乡镇企业只是局限于辖区内，也很少向河北扩散。环北京所谓的贫困带就足以说明京津对周边的带动能力不强。

如果说京津对河北不仅仅没有辐射，反而却因为其优越的资源配置，把周边的要素吸引到京津来，人才、置业甚至包括农民工到这里来打工。当京津成为特大城市，人口分别达到了2100万和1400万的时候，对周边的促进主要在以下几个方面。

促进了局部的农业结构的调整；带动了京津两小时经济圈内旅游休闲服务业的发展；带动了与北京旅游消费关系度较高的中小城市和沿边界部分城市的房地产发展。仅此而已。

从中国区域之间发展的现实状况看，由于经济增长和公共服务以及政绩考核，严格地按照行政区域内界定。因此区域之间的关系基本上是竞争关系，京津冀也不例外。

首先分析一下京津冀的发展战略，可以看出在很大程度上都存在着同构性。例如北京奥运会后，北京二产投资猛增，2010年增幅达到28%，高于全国的22%，到2011年，更是达到44%，比全国平均水平高出30%。初步统计，北京市各种名目的产业功能区约120个，其中金融商务办公区约16个，汽车及零部件制造区10个，创新产业区23个。这些产业区布局分散，大多由区县主导推动，市域范围内综合配套、梯度协作程度不高。由于北京的特殊地位，只要北京放开口子，提供工业用地支持，无疑对河北和天津都构成了巨大的竞争压力。

从房地产发展看，河北省"环首都"各地都在开发高端地产项目。河北省"环首都经济圈"的14个县市，各地以生态宜居为目标，都想在吸引北京高收入人口方面"先行一步、一展身手"，纷纷将房地产开发瞄准高端。例如，香河县提出建设顶级品位的"京东第一街"，打造"北京第二CBD"；涿州市提出打造"京南保北"重要中心，仅两个高尔夫球场占地就近7000亩；各地在房地产开发中，都大量建设别墅项目。

对于天津来说，虽然经济发展已经到了工业化转型升级的中后期阶段，但是在钢铁工业上与河北也有强烈的同构性，招商引资的力度更是大大优于北京。一个人口已经达到1400万人的特大城市，工业比重仍是一枝独秀。

竞争重点在于优质资源。相比于京津，河北显然处于劣势。北京巨大的公共服务优质化的优势，使得北京在招商引资提供优厚条件上占有先机，而天津则是利用特殊的政策优势打造滨海新区，河北尽管下大力气，试图改变投资环境，但是由于盲目地与北京进行优质资源配置的赶超和竞争，打造所谓的生态城战略，最终导致投资的失败和严重的浪费。

北京与周围相邻区域融合，可能使整个区域或者城市群的资源配置更合理——当然，它一定要是市场发挥作用，而不是行政指令。所以，京津冀一体化不是"摊大饼"的问题。

## 四、京津冀一体化挑战

尽管强调了多年的环北京经济圈建设，甚至把山东、辽宁也纳入了环渤海经济圈，以及多年来开展的京津冀各项合作，但各行政区划仍然没有摆脱竞争和各自发展的格局。

北京作为首都所具有的强大政治资源和调动经济资源的能力，使其公共服务水准远远超于周边津冀地区。我们曾经做过调查，北京的人均投资水平、人均财政支出、人均收入大大超过天津和河北，而北京的基本消费价格，特别是公共服务品价格却低于周边地区。因此，北京形成了对周边优质资源和要素强大的吸纳能力，这种吸纳作用目前根本没有逆转的可能，反而在加大和津冀地区的全方位差距。

最近十年来的情况表明，北京无法控制人口的进入，北京实行了长达30年的人口控制规划，实际上人口远远超出预期目标，达到2100万，目前这种趋势仍在持续。

天津近年来按照自己独特的发展路径，通过滨海新区的概念，力图争取中央政策的支持，加快工业化进程，虽然取得了明显的效果，但是在调整产业结构上尚没有明显的突破。因毗邻北京，资源竞争处于劣势，服务业的发展明显是天津的弱项。

河北只能靠自身的优势和传统路径来逐步实现赶超。在保北京一片蓝天和一汪清水的压力下，河北不可能复制长三角、珠三角的发展路径，在后发进程中，河北要注重环境问题，在京西和京北地区，已经困难地实行产业结构调整，放弃了工业发展路径。但是在北京以南，自然资源禀赋以及民营企业的推动，钢铁工业成为带动河北经济的龙头，河北迅速地在 GDP 增长上列入了全国经济的前列。

可是，不同的发展阶段选择和不同的产业发展路径，以及不同的政治地位，导致目前这种相互竞争的格局遇到了严峻的利益挑战。诱发点就在于日益严重的雾霾。

北京对于 PM2.5 现象的极度担忧，引起了人们对于污染源的关注，河北则成了关注的焦点。河北省重工业占工业产值的 80%，高出全国平均水平 10 个百分点。重工业中，又以能耗大的钢铁、煤炭、水泥等为主，2011 年，河北省粗钢产量达到 1.65 亿吨，约占全国粗钢产量的四分之一。

河北省能耗高居全国第二，单位 GDP 能耗是全国平均水平的 1.64 倍，在东部和中部地区中仅低于山西和内蒙古，仅每年消费的煤炭和焦炭总量就近 4 亿吨，是京津总和的 5 倍。在大气环流影响下，河北污染物直接影响京津地区。根据对北京 PM2.5 来源的分析，25% 的污染物来自区域间传输。

北京长时间以来就对人口过多、交通拥堵、城乡接合部脏乱差以及雾霾等问题感到困扰。正是由于近几年雾霾问题的严重，直接导致北京生存环境的恶化，引发了关于京津冀经济圈一体化的设想，试图通过大范围的空间格局资源配置的调整，从根本上解决北京城市病的问题。可是如何破除横亘在京津冀之间庞大的利益和体制鸿沟，显然是目前各方尚未深入探讨的问题。原因在于出发点，是为了解决北京的问题，还是达到互利共赢？

## 五、障碍在哪里？

（1）行政地位的不平等和从属性关系，使得互利的前提受到制约。尽管从行政角度的指令可以要求河北调整结构，但是对于大量的民营经济，调整过度，也会引发新的社会矛盾。

（2）基础设施的配置是否可以共享？无论是首都二机场的建设和天津机场的关系，还是北京的城际铁路是否可以向河北以及天津郊区延伸，都涉及所谓优质资源外流的问题，京津是否可以忍痛割爱？

（3）公共服务的差距使得资源单向进入北京和天津，能否改变这种公共服务的格局，从人力资源流向的改变带动其他要素的空间转向？

（4）北京的优质资源如何外移？是按照行政指令还是按照市场的办法？

（5）北京是否能继续吸纳外来人口？北京的城市容量真的到头了吗，辖区还有 1.68 万平方公里的面积，承载了那么多的优质资源，难道就不为国家的城镇化发展战略做出贡献吗？

（6）谁来协调京津冀一体化战略各项政策制定和落实之间的关系，是停留在相互之间还是建立在更高的层级上，是虚设还是有实质性的权力？

（7）京津冀周边区域的协调发展，人口的迁徙，是按照所谓计划经济的规划方式引导还是遵循目前市场的规律，政府该做什么，哪一级政府该做什么，可能都是一个个现实的难题。

我们曾经有过很多种战略和规划，但是作为经济圈的发展战略，更多是要按照市场的办法。

长三角和珠三角都是在市场经济的大潮中发展起来的，并不是靠政府间的协作。京津冀一体化，背负着沉重的政府压力，承受着深层次的体制约束，各行政区域还存在着明显的发展差距，同时又面临着各自不同的机遇和挑战。

如何在现有国情条件下，发挥好政府和市场的作用，需要决策和相关各方认真研究中国区域之间存在的各类体制问题，从而找到破解的良方。最有可行性的答案，其实就在问题之中。

# 京津冀一体化如何破局

2014 年 4 月 1 日，李铁应邀出席"民生宏观京津冀协同发展高端论坛"，发表主题演讲并参与主题对话。李铁指出，短期行为主导的规划都是不可持续的，应花十年时间建立协同发展机制，而不是建立一座新城。以下为李铁观点纪要。

## 一、我国区域发展的特点

我国行政区行政管理与经济发展一体，以行政区为主导，如干部考核、政绩等，这在国际上是没有的。

基础设施的行政化供给，行政化供给导致区域的封闭化特征。

公共服务的行政区域化分割，强化了区域的封闭性。

以行政区域判别的政绩标准来决定政府的作为。领导基本都只关心自己在任期内能得到什么、做出什么。

行政区域等级化。不同大小行政区域，涵盖不同等级，一些等级可以把所有主体涵盖，一些等级处于平行的竞争状态。

行政分割导致的竞争性格局。区域之间的关系是竞争关系，如果忽视区域之间的竞争关系，对中国整个区域规划发展战略就不可能做出深层次的分析和了解。

产业的同构。每个区域的发展战略、经济发展定位，很少有互补性行为，同构导致竞争恶化的加剧。

---

本文根据 2014 年 4 月 1 日李铁出席"民生宏观京津冀协同发展高端论坛"发表的主题演讲及参与的主题对话整理。

## 二、京津冀发展各自的特点

行政等级。北京和天津为直辖市，各一名政治局委员；河北有两个中央委员，一个中央候补委员。河北下辖的各个县市在这种行政等级下，没有在协调和一体化过程中的话语权，处于绝对的从属地位。

产业结构。北京靠服务业发展起来，天津工业占主导，河北也是工业化占主体，但比天津低一个档次，并且产业上存在明显的同构性，都是钢铁工业。从城镇化率就能看出京津冀之间的差别。

资源优势。北京具有强大的政治资源和调动经济资源的能力以及一些公共服务优势。天津有滨海新区等特殊的政策优势来拉动经济增长。对整个河北来讲，京南自然资源禀赋，同时河北发展的民营企业已基本独占鳌头。

辐射范围和空间。北京服务业辐射主要在城市内，对周边城市的带动较小。北京的消费能力外溢，直接带动张家口、承德及秦皇岛等地发展。天津的工业辐射主要是辐射下辖区域，对河北的带动不大，同时天津产业转移和联系逐步加强。河北无法与北京、天津比拟。

发展阶段不同。北京已经进入后工业区时期，天津为工业化的中后期，河北处于工业化的中前期。发展阶段不同在区域协调中处于非常尴尬的地位，没有政策支持和反哺，区域协调难以实现。

公共服务水平差距导致人口往北京集中。北京集中了全国最为优质的教育、医疗等资源。另一方面，户口差距也很大，京津冀区域间的户口不能平等对换。

## 三、京津冀发展的共性

自然环境相同：共性最重要的前提是区域的承载力。京津冀三个地方具有同样的自然承载能力，因此根据哪一个区域拥有更大的承载力，进而安排发展的优先权，具有很大的问题。

产业同构性：一是工业发展上，2008 年以后北京各区县都使出了浑身解数去招商引资，降低地价，但是和河北的企业差不多；二是房地产发展上，"环北京经济圈"战略领导会时，大家都提出生态空间、环境空间来吸引高档地产、别墅等；三是重化工业上，天津和河北有明确的同构性。

竞争格局：京津冀一体化竞争大于合作。而竞争重点就是优质资源，河北明显处于劣势。

要素流动的市场化趋势：当大量的行政优势集中在北京时，市场资源是自动跟进的。市场决定了人口要素的流动，也带来了其他要素市场的分配。

## 四、京津冀协调发展面临的问题和困境

京津冀利益取向存在非常大的差别。北京重点是要保证精英的发展环境。对天津来说是两头紧。对河北来说，最重要的还是发展。利益取向问题使得协调发展的难度大大增加，基于这种封闭的供给现象比较严重：北京通向河北的条条大路，特别是有利于人口和要素流动的道路并不畅通；不对等的话语权；要素分配具有区域化的行政主导型，完全化的市场机制还没有建立起来；传统的区域协调方法还在主导着未来的规划；区域发展观的严重滞后。

## 五、一体化的建议

### （一）基本原则

认同现实，寻找过渡手段。过渡手段需要我们有一个长期的思路，而不是一次提出一个宏伟的目标；重在建立机制，而不急于分配资源；以市场为主导，打破行政的过度干预；重点在增量，不在存量；搬迁不太可能，政治社会后果非常严重。

### （二）主要建议

改变基础设施配置方式，打破区域垄断；强化区域调整，重点促进服务业发展；改革户籍管理体制；依托市场重新界定经济圈；通过中小城市调节人口格局；确定分类指导的发展政策。

# 尊重都市圈发展规律，减少行政调控

## 一、大城市人口集聚和逆城市化形成合理的都市圈

我们知道国际城市化的规律特点：没有户籍制度，人的迁徙自由。（这些国家的人）到哪里寻求就业呢？肯定是大城市，大城市人口密度高，创造的就业机会比较多。在城市化的进程当中，大量农民进入城市，向大城市去，造成大城市人口密度增加，会出现人口过度拥挤。由于城市中心生活成本过高，会出现逆城市化现象，向周围城市辐射，最后形成一个合理的都市圈范畴。

中国的城市和国外有很大区别，中国的城市是行政区，城市有等级，有户口制度，有独一无二的土地公有制的征地办法。每个都市圈还不一样，比如说长三角的都市圈，城市和城市之间的关系还好，京津冀这种都市圈则有特别强大的政治压力。

中国的都市圈一方面遵循着国际规律，北京、上海、广州都是特大城市。另一方面，我们国家太多人口要纳入城市化进程，每年有两千万人口进入城市。在这个过程当中向都市圈聚集，向核心地段聚集，会出现交通拥堵、城市的贫困人口问题以及城市雾霾问题，我们把它归结于人口过度集中。但城市希望通过所谓的都市圈政策和一体化政策把这个问题排到城市外面去解决，通过行政来解决，完全违背城市圈的规律。

城市如果有了富人，一定会有穷人跟着来。比如在上海，一个亿万

---

本文根据李铁在"2014 中国城镇化高层国际论坛开放性对话四：城镇化下的都市圈"上的发言整理，2014 年 4 月 19 日。

富翁要有司机、保姆，他们去哪儿买东西？肯定不会去上海市中心买东西，而是去适合他的收入水平的环境买东西。如果把这些保姆、司机全部撵走，上海就崩溃了。特大城市提出控制人口的概念，如果把低收入人口限制住了，富人还能够生存吗？市场规律就是一条，人想来永远挡不住。虽然大城市生活成本增加，但他们在各种就业机会选择当中会有理性选择。

## 二、从增量入手解决京津冀都市圈问题

第一，放缓增量。我们最近提的就是从增量来入手，不管北京这个地方能不能承载 2100 万人，实际上这些人都已经在这儿。有户籍和没有户籍的人，都在里面生存。特大城市的城市病，雾霾、房价等问题，我们可以通过放缓增长速度，限制一些企业、新增事业单位进入。20 世纪80 年代北京曾经提出最严格的人口管理制度，不允许任何增加的企事业单位在北京落户，恰恰这个文件颁布以后北京从来没有停止过各种总部落户。不仅仅是企事业单位要落这里，各个区县招商引资也要。2008 年以前建筑施工需要，2008 年以后大的招商引资热，都导致一个镇增加几万人。

调整政策，绝对不能说这里人搬出去。北京未来，还有上海，人口增长趋势不可避免，上海还要增加 50 万城里人，包括给这些人配套服务的，至少需要 100 万，这是一个规律。这个趋势不可避免，我们现在要通过放缓增量，为未来容纳更多的人口创造条件，这是一个改革的思路。

第二，可以在有限的空间范围内调整人口和资源，如在中小城市内进行分布。我们知道在巴西，城里穷人多，小城镇都是富人居住的地方。因为城里环境恶化不得不向郊区迁徙。在美国，纽约、华盛顿市中心都有贫民区，为什么？这就是历史问题。所以研究都市圈，我们是在增量放缓的情况下，在更大范围内解决问题，但是不能挡住未来人口长期增长的趋势。

第三，有限时间内怎么来改革公共治理能力，为未来更多人口提供更好的公共服务。

理想的都市圈是不存在的，存在的是现实的都市圈。这种现实都市圈内城镇、人合理的分布，穷人和富人的差别，公共服务均等化，资源的市场化配置等，还是现实的存在，因此改革的思路是要减少行政的控制，特别是要在有限的时间内建立一种机制。

## 三、深圳土地稀缺，要调整产业发展模式

深圳是以工业为主导的发展模式，有它发展的历史。招商引资为什么这么强烈，因为增加财政。但是深圳没有多少土地空间了，过去有土地可以卖土地，现在卖土地越来越难，不得不依赖大量工业产生税收。一个城市通过工业来维持自己的税收增长，必然带来大量外来人口的增加。现在深圳面临的最大问题是调整结构。我们知道发达国家整个就业结构是以服务业为主导的，深圳的城镇化率已经超过了90%，本来服务业应该是超出工业比重的3倍到4倍，可是现在还不是。现在深圳对工业过度依赖，土地问题、人口结构问题，需要把传统工业通过存量的改造，来提高服务业发展空间，降低服务业发展成本，这些都是政府在未来城市发展过程中要重点考虑的问题。调整结构是核心问题，一定要和土地发展模式、土地利用有效结合起来。

# 正确处理京津冀协同发展的几个关系

京津冀协同发展及一体化政策是党中央提出的重大战略举措。在制定具体方案时，首先是要符合十八届三中全会精神，打破行政壁垒，发挥市场机制在协同发展的主导性作用。这是在中国特色的区域经济发展战略和城镇化发展战略制定过程中，对以往区域政策的一次前所未有的挑战。

挑战之一是中国的区域问题具有行政等级化的明显特征，在京津冀问题上，这个问题尤为突出。

挑战之二是区域之间的关系中，竞争远远大于合作，特别是为了获取优质资源产生的同构竞争现象十分普遍。

挑战之三是在发展水平差距如此之大的京津和冀之间，如何实现协同发展和一体化，对于我国几大经济圈来说，确实是一次特殊的具有重要意义的尝试。

挑战之四是在以往的强烈的行政主导色彩下，如何判定政府引导和市场主导的关系，更好地发挥市场机制的作用。

挑战之五是如何真正实现协同发展，而不是回归到以往保首都的单向战略中。

挑战之六是如何破除观念的束缚，真正地把利益各方的主官意志和传统的区域治理惯性，统一到党中央的决策层面上来。

最后是如何在京津冀协同发展过程中，有效地推进各项改革，这些改革政策对全国都具有重要的指导价值。

在制定京津冀发展区域政策中要特别注意以下几个方面的问题。

---

本文发表于财经网，2014 年 6 月 12 日。

首先是要处理好自保和协同发展之间的关系。协同发展，互利共赢是自保的前提。对于京津来说，河北的发展至关重要。河北的经济水平提升，公共服务水准差距与京津的缩小，对于京津人口和产业高度集聚的压力会大大缓解。河北的产业结构调整和工业的升级，也会从根本上改变京津的整体生态环境。因此对于河北发展的支持要大于让河北为了经济利益的"牺牲"。

其次是处理好政府和市场的关系。在中央提出的协同发展战略中，政府引导是大前提，中央政府要制定改革政策，要打破行政区划的壁垒，要通过市场化资源的再配置，弱化行政的干预。要允许民资和外资投资基础设施，突破行政区域管辖范畴，逐步实现行政区域垄断的基础设施管理运营体制向市场放开经营和管理，也要通过市政公用产品价格制度的改革，减少行政福利，弱化区域差距。地方政府也要放弃传统"要政策，要资源"的观念，更多地把精力放在尊重市场规律，尊重城市发展规律上来，不要人为地"造城"，主观地设定所谓"副中心"，盲目地去打造所谓的投资环境，形成新的资源严重浪费。

第三是处理好竞争和互补的关系。区域竞争是正常的，但是忽视了自身的发展条件，盲目地以追求优质资源为目标，加剧了同构竞争格局，反而浪费了优势互补的发展机会。北京具有服务业发展优势，天津在新型工业化发展是强项，河北拥有丰富的空间生态资源、低廉的土地价格和劳动力价格，可以作为京津产业外溢的载体。但是在发展差距水平如此之大的现实中，可能需要有关各方认真思考，尊重自己的发展现实，真正实现资源优势互补、产业良性互动的格局。

第四是处理好中央和地方的关系。这在京津冀发展战略的制定中尤为重要。打破区域行政壁垒，更需要中央统一协调，在更高的层面上为协同发展创造条件。例如统一配置基础设施，统筹推进交通网络建设，与区域相关的基础设施和交通网络建设的规划由中央牵头制定等，并在长期规划中，制定公共服务一体化的发展战略，分期分地区分城市逐步推进等。地方要打破"一亩三分地"的思维定式，着力落实好中央规划和政策，促进协同发展。

第五是处理好人口高度集聚和资源承载力之间的关系。城镇化过程中的人口向京津特大城市集聚，符合城市发展规律，也是世界绝大部分国家城镇化过程中出现的规律性现象。只有人口高度集聚，才会最有效地提高资源的配置效率，减少资源的浪费。例如北京市在八十年代到现在，人口从 1000 万增加到了 2200 万，但是水的耗费量却减少了近 5 亿立方米。京津冀同处于华北干旱区，缺水的程度都十分严重。河北地下水超采问题也十分突出，在于河北的城镇化率远远低于京津，大量的农业用水造成了严重的浪费。因此，产业结构调整和加速人口向城镇集中，是解决水资源浪费最有效的办法。而不应采取"以水定人"，实施所谓人口控制政策，忽视了资源生态全局全区域调控的重要功能。

# 产业调整不是赶走低端人口

【导视】

**解说**：京津冀一体化，该从哪儿破冰？

**李铁**：北京户口和天津以及河北的户口是不能对换的，如果叫一体化，应该是同等水平。

**解说**：多地争当副中心，房价一日三涨是市场规律？

**李铁**：这都是一种政府主观决策的思维在作怪，它并没有了解市场的选择。

**解说**：北京的水不够用，必须疏解人口吗？

**李铁**：以水定人，自开始就是一个错误的观点，到现在，它还在制约着我们某些领导的观念。

【片头】

**李铁**：过去提出京津冀一体化，类似内容主要是以保首都为前提的。保北京的结果是什么？北京一枝独秀，天津发展速度也相对比较快，也是一个直辖市，也是老工业城市，而对河北来讲，它在这个发展过程中，与京津的差距就越来越大。差距越大，利益格局越固化，打破这个利益分配的机制越难。在这种竞争利益格局、分配差距、公共收入水平差距如此之大的前提下，没有办法实现协同发展。一个最大的问题，北京户口和天津的户口以及河北的户口是不能对换的，如果叫一体化，应该是同等水平。怎么样来弥合这种差距，怎么样来使这种公共服务水平来进一步地缩小差距，而且打破区域垄断封闭的界限，恐怕也是一个很大的问题。

本文是李铁在人民网《一说到底》第 87 期的发言实录，2014 年 6 月 16 日。

解说：在区域经济一体化的过程中，理想的状态是中心城市对周边产生辐射作用，带动周边产业发展。2013 年北京城镇居民人均可支配收入 40321 元，已达到了发达国家水平，可以通过旅游、消费、休闲、度假等对周边产生辐射。已有多地表示希望成为"北京的后花园"，以此带动自身发展。

李铁：如果我们考虑到北京辐射的特点和北京优质资源过度集中的现状，再考虑怎么样双管齐下。行政的优势是不是可以把增量的资源向外疏解，但是存量动是很难的。增量可以向外疏解，当然疏解的过程中，未来可能还会增加人口，但是可以放慢人口增长的速度。现在解决的不是人口进不进入的问题，是人进来了给不给公共服务的问题。这是一个核心。第二，北京在实行行政壁垒的时候，过多地放大了自己的福利供给。所谓过多地放大自己福利供给，就使这儿的要素价格失真，那就会使更多人流向这里。（北京的）消费品价格，连副食品价格都低于河北、石家庄、济南和郑州，电价、天然气价，包括公共交通价格，都是最低的，但是有这么多的资源，各种消费品价格、基础设施价格增加了这么多的福利因素，包括教育的优惠、医疗的优越感，人能不会来吗？

解说：以长三角为例，可以看到京津冀地区目前在协调发展中的困难。

李铁：上海，上海虽然人也在往里涌，2300 万人口，但是上海和杭州，以及江苏的苏州、南京比较，并不是人都愿意去上海，也并不是人都愿意去南京。甚至到无锡去看，到苏州去看，昆山的人就不愿意到苏州去住，常熟的人就不愿意去苏州住，因为他自己那的生活环境更好。说明什么问题呢？那就说明，周边的中小城市发展水平发展高了，它也有它的独特的优越性。如果北京继续保持着和河北这么巨大的反差，仍然处于一个环北京较贫困的状况，当然会有很多人向北京涌入，这是一个现实。可是如果给了这些城市更多的发展的活力，给了更多的发展机会，我们不能想象这三五年之内就改变这种流向，十年之内改变流向，当然 20 年、30 年之内这种流向必然会发生变化。

解说：谈到人口流动，每逢节假日开始，出京高速几乎条条堵车。为什么人们只愿意短暂离开北京旅游，而不太愿意放弃"北京人"这个身份呢？

**李铁**：过去 60 年代、70 年代有很多中央的部门不在北京，比如在离得最方便的地方，现在全都集中在北京了，过去大的总部企业都不在北京，为什么都集中在北京，因为有北京户口，有了北京户口，孩子就可以很顺利地完成高考。职能分解出去了，就一定会减少增量的压力，因为现在不能说北京人口不再涨了，但是涨幅在减缓，减缓它的很多问题就会逐渐化解。

**解说**：据媒体报道，河北已经有 11 个城市加入首都经济圈副中心争夺战。副中心到底花落何家，尚无定论。但有些力求副中心头衔的城市，房价已经经历过山车，从一日三涨到量价齐跌。

**李铁**：各地都提出了副中心，实际上想通过这个来带动本地的经济发展和房地产价格的攀升，来获取更多的优质资源的分配机会。这种想法在某种程度上还是相对滞后的观念，过多依赖于政府的政策资源带来更多的支持，大家都希望规划把自己作为某一种副中心，这就是没有摆正政府和市场之间的选择。实际上在河北省，包括北京市、天津市，制定未来发展规划的时候，恐怕要降低这种对于政府过度期待的预期。什么叫降低对政府的过度期待预期呢？就是政府不能所有的行动都替代，去建一个新城，短期决策、盲目建新城带来的代价有多大？比如前一段时间提出环北京经济圈的时候，河北就搞了唐山的生态城，唐山生态城最好的思路不光是吸引河北人到这里来投资，可能需要北京人到那里置业、买房，搞了一个很大的投资。但是这种预期，政府拍脑袋决策的预期和现实中发生了反差，并没有人去那里投资置业，就导致了生态城夭折，和原来投资的初始预期差距太大，造成了相当大的浪费。很多人可能说，是不是要保定副中心，最近提出了廊坊、沧州，这都是一种政府主观决策的思维在作怪，并没有了解市场的选择。

**解说**：到底怎么才是摆正了政府和市场的位置呢？今年 2 月，习近平就京津冀协同发展主持召开座谈会，提出要着力构建现代化交通网络系统，把交通一体化作为先行领域，加快构建快速、便捷、高效、安全、大容量、低成本的互联互通综合交通网络。

**李铁**：如果我们通过政府规划，把交通格局建立起来，这个交通格局是要选择的，比如说哪些是高铁的，哪些是轨道的，还是高速的。这种大的格局构架建立起来以后，有民资投入，市场会自动发挥作用，会自动寻找市场所期望的地方，会自动地在某一个地点形成一个新城，这样谈判机制就会减少主观决策带来的资源浪费。因为30年的城镇化，这种政府大拆大迁主观决策的新城建设造成大量的资源浪费已经是屡见不鲜的事实。在京津冀一体化过程中，为什么强调市场发挥的作用，就是不要政府主观地期待着这种政府给提供的资源来建立一种主观的副中心和新城。这是最重要的一个前提。

**解说：**新城、副中心、人口疏解等，都是京津冀一体化讨论热度最高的词汇。特别是人口疏解的问题，引发了许多的讨论。一项调查显示，只有50%的受访北京市民表示如果单位外迁愿意跟着去。同时，大家在担忧，如果低端人口疏解了，我们去哪儿买菜？谁来给我们送快递？

**李铁：**不仅仅是卖菜的、送快递的等，人口是一个产业链。比如一个企业家，能看到他拥有很多资源，但是他一定有几千个、上万个工人支撑这个企业，他的企业才能生存。没有这成千上万的工人，这个企业没有办法立足。越大的企业越如此。富人是靠几万个工人来支撑着一个大的关联架构，但是这些人要消费的，这些服务人员的消费的产业链再往低端走还需要更多配套的服务业人员。比如一个饭店的服务员，可能月薪两三千块钱，他可能租赁比较便宜的住房，一定会去最便宜的菜市场买东西，一定到小商品批发市场买东西，这就是一个产业链。比如低端产业链迁出，低端产业链迁出带来大量的从事批发产业的所谓和北京没关的迁出，但是直接影响到北京原有的居民的住房租赁问题。这种产业链和人口结构，是所有城市都必然面临的一个完全符合客观规律的一件事情。可是我们很多城市往往是想只有高端人口，都忘记了其实支撑着这个城市发展的更多的是中低端人口。

**解说：**北京同时是一个水资源贫乏地区，早有人提出"以水定人"。第六次全国人口普查结果显示，北京市常住人口为1961.2万人，提前10年突破了2020年常住人口总量控制在1800万人的目标。事实上，人口突破规划已成北京常态。从20世纪80年代到现在，北京人口规划每次都提前突破。

　　**李铁**：第一，人口越高度集聚，水的利用率越高。实际上，20 世纪 80 年代，北京人口一千万的时候，用水量是 40 多亿立方米，现在到了 2014 年，北京人口已经到了 2200 万，可是用水才到 35 亿立方米。增加一千多万人，用水量减了 5 亿立方米，说明什么呢？说明人口越多，越高度集聚，水的利用率在提高，会减少耗水。第二，整个华北地区的水资源生态条件，发展越落后，耗水量越大，河北每年采地下水的量是非常之大的，已经形成巨大的漏洞。把人都撮到河北去，同样用水，恰恰在北京状态下，用水是最节省的。我觉得在这个问题上来做排斥人口，在这里面还有一种自保在发挥作用，大家都不想给外来人口更多的公共服务，都想减轻城市的负担，希望保留更多的优质人口资源，当然，我觉得这是特别错误的。所以，从 20 世纪 80 年代到现在，以水定人，自开始就是一个错误的观点，到现在，它还在制约着我们某些领导的观念，我觉得，该是到调整的时候了。

# 尊重规律，破解京津冀协同发展难题

北京有这么多的资源，各种消费品价格、基础设施价格增加了这么多的福利因素，包括教育的优惠、医疗的优越感，你想想，人能不来吗？

北京集中了这么多的优质资源，又有两千多万的人口，它对周边最大的辐射能力是服务业的辐射。

我觉得北京不应该提出所谓以水定人，而且你说你不来了，河北的人到哪里去？你把人都撵到河北去，他同样用水，恰恰在北京状态下，他用水是最节省的，我觉得在这个问题上来排斥人口，是还有一种自保观念在发挥作用。

## 一、协同发展要真正打破固化的利益阻隔，促进一些实质性改革

**人民网**：习总书记讲话多次提到了各地要协同发展的问题。我们应该怎么理解呢？我们注意到您之前曾经谈到过中国的区域某种程度上是互相竞争的关系，而不是一个协作的关系。在互相竞争的状态下，我们怎么来实现习总书记所提的协同？

**李铁**：第一，过去讲一体化，强调协同发展就是带有特别强烈的互相合作发展的意思，也是在过去 30 年区域之间过度竞争的前提下，提出的一个所谓的一体化发展。这次谈京津冀一体化，和以往的环首都经济圈一体化的思路有本质差别。希望所谓协同发展能真正促进实质性的一些改革，真正达到相互促进、共同发展这一个总体的目标，而且落到

---

本文根据李铁接受人民网视频采访全文整理，2014 年 6 月 22 日。

实处，不至于一纸空文。这是一个很大的背景和前提。

第二，为什么说区域之间是竞争的格局呢？实际上，中国的区域行政管理能力是很强的，它要决定自己的资源配置，我们的干部考核要取决于他的 GDP 增长速度，各区域公共服务水准有很大的差别。谁获得的资源更多，谁发展机会条件就好，行政辖区内的整个的人均收入水平、社会公共服务可能就相对好一些。在这个大前提下，一个行政区为架构的考核体系和资源分配体制导致了区域之间为了提高自己的经济增长能力，提高它更多的吸引投资的能力，实际上是一个竞争的格局。比如我们现在的招商引资，谁提供的条件好，谁给的要素价格低，谁的区位条件好，谁招商引资的机会就大。招商引资机会大了，带来的收入、财税、GDP，对于整个地区的经济增长和干部的政绩都是显而易见的。另一方面，由于行政体制导致的资源分配的差异性，以及特殊的区位条件、地理条件等，发展的差距是比较大的，而这种发展的差距也使得行政区域内公共服务相对封闭，不是对外开放的。既然不是对外开放的，就意味着不是所有的要素配置完全按照市场化的方式，它一定定位在这个区域内资源的配置、要素的价格、福利的供给、公共服务的提供等。这加大了竞争的力度，因为谁拿到的投资机会多，谁拿到的资源多，谁就可能对本地区的各种基础设施的改善、人民生活水平的提高具有优先发展权。这个区域竞争格局不仅在内地，还有在沿海地区，都是一个非常普遍的现象，也是具有中国特色的一个现象。

过去提出京津冀一体化，类似内容主要是以保首都为前提的，就是首都发展是重中之重，党中央、国务院所在地，大量的优质资源集中在这里，也代表了中国改革开放的形象。周边的省份做出了大量牺牲，在做出大量牺牲的同时，这种福利的格局更加固化，这里等于成了一个优质要素的吸纳机，你有很好的公共服务条件，所以大量人才都到你这里来，人才到这里来，就意味着你有更多的发展机会。通过行政的手段保北京，结果是什么？北京一枝独秀，天津发展速度也相对比较快，也是一个直辖市，是老工业城市，但对河北来讲，它在这个发展过程中，差距就越来越大。差距越大，利益格局越固化，打破这个利益分配的机制越难。在这种竞争利益格局、分配差距、公共服务、收入水平差距如此之大的前提下，每个区域的要求是不一样的，天津有天津的利益，北京有北京的利益，河北有河北的利益，怎么来实现协同发展，恐怕对党中央、国务院这种大的战略决策的智慧也是一个考验。对于这三个行政区来说，怎么落实总书记讲话精神，真正地发自内心地打破利益格局，推进这种协同发展一体化的政策，恐怕也是一次考验。

**人民网：**您觉得在顶层设计上，最重要的突破点应该在哪个方面？

**李铁：**首先要针对问题来提出。第一个问题就是这种行政等级上的差距，两个区域行政长官是政治局委员，另一个区域是中央委员，这种行政等级上的差距，虽然看起来没有什么影响，但是在话语权上是不一样的。第二，这种利益的差距、发展水平的差距，一定会决定未来协同发展的基本思路。第三，产业结构上的差距。北京以服务业为主导，天津是新型工业化为主导，河北则是工业化发展中期。这种产业结构决定了这个地区发展的智能化、环境、背景、就业、人口的格局也会有很大的差异。比如河北的城镇化率在46%，北京城镇化率在80%左右，这种差距恐怕是必须正视的一个现实。第四，要打破区域垄断的资源分配机制。比如交通，过去整个交通的格局首先是满足区域内的要求，怎么来重新建立大交通的格局构架，需要站在更高的层次上来主导。还有一个就是公共服务水平的差距，怎么样能打破公共服务的相对封闭性。比如，北京户口和天津以及河北的户口是不能对换的，如果叫一体化，应该是同等水平，但这个差距特别大。从另一方面看，还要进行很多类似的改革。在这个过程中，如何发挥各级政府的作用，比如中央政府该干什么，省一级直辖市政府应该做什么，地方政府地级市、县和小城镇该发挥什么样的作用。首先中央和省一级怎么样来发挥作用，这是必须要面对的一个问题。还有一个就是政府和市场这种因素怎么来主导这次大的一体化战略的实施。所谓政府和市场，哪些是中央政府做的，哪些是省市以下政府该做的，哪些是市场该做的？比如各地都提出了副中心，实际上是想通过这个来带动本地的经济发展和房地产价格的攀升，来获取更多的优质资源的分配机会。这种想法在某种程度上还是相对滞后的观念，过多依赖于政府的政策资源带来更多的支持，而忽视了在大的构架形成之后，市场可以自动调节。比如说是不是建新城，新城建在哪里，要不要建，是要建机制还是建新城，都是需要认真思考的。

## 二、北京对周边最大的辐射能力是服务业的辐射

**人民网：**您提到了保北京的问题，事实上，北京已经形成了巨大的吸引力，即便没有政策方面的一些因素，也会有很多很多的人就是想往北京扎根这样的情况。北京应该在京津冀一体化中扮演一种什么样的角色？怎么才能让它对周边有辐射能力？

**李铁：**到目前来看，提出协同发展是一个不得不考虑的现实，就是整个经济的影响和环境的影响、生态的影响，实际已经把华北地区、京津冀联到一起了。比如雾霾，既有北京的问题，也有整个华北地区的问题，整个华北地区炼钢、水泥、煤炭燃烧的排放等，都已经对北京形成了影响。在这个前提下提出一体化是考虑整体的发展战略，北京这么多的资源没有更好地发挥作用，连周边都没有带动起来，反而起到另一种反作用，这种现象恐怕是和过去保北京有一个根本的区别。现在提出协同发展和一体化，实际上是在大格局下来通过互相的合作、支持、协同，放开市场机制，来得到共同发展的一个总目标。这样的话，才能使大环境下某一个地区的环境得到根本的改善。

第二，北京这些年吸引资源不只是河北资源，还有全国资源，这是30年既定的首都发展格局。到现在，它和周边的关系变得极为特殊，这里既有中央所在地，又强调稳定，又有2000多万的人口，加上天津1400多万的人口，这么多人口聚集到这里会产生一系列的问题。在北京辖区内靠自身去缓解人口过度膨胀的压力、资源过度集中的压力，确实是政府面临的一个棘手的问题。如果站在大格局下，河北有更广阔的空间、更广阔的地域，它的一些要素价格也比北京、天津低很多，又有很多的人口，如果发挥它的地域优势，可以使空间资源得到更好的组合，在资源互补性上发挥作用。

第三，北京由于特殊的政治、行政、经济、文化地位，对工业的发展是有一定限制的。北京自身的人才结构、人力资本结构有很大的差异，工业发展本身是比较慢的，它特殊的优势在于服务业。北京对周边的工

业，除了首钢迁出，并没有太大的影响。20世纪80年代在全国发展乡镇企业最快的地方，如广东、浙江、江苏、上海、福建、山东，包括天津，对周边地区的工业辐射是相当强的，珠三角、长三角，一个由香港推动，一个由上海带动，华北地区的天津对周边的乡镇企业有一定的辐射作用，但是北京郊区就几乎没有什么好的乡镇企业。就是说，它对周边的工业辐射几乎没有，因为它不是一个工业城市。从现在看，它集中了这么多的优质资源，全国最集中的资源都在这里，又有两千多万的人口，它对周边最大的辐射能力是服务业的辐射。服务业的辐射包括多方面的，这些优质资源也都是和服务业有关的，教育资源、医疗资源、文化资源、各种行政资源，这些资源过度地集中在北京，会衍生出一些新的资源，还继续向这里拥挤。这是一类和资源有关的。其二，这两千多万的人口，在全国收入水平是比较高的，人均收入水平是河北的三倍以上，很多人在统计上认为北京的人均收入水平已进入了发达国家的行列，就是它的消费能力很高，所以，北京的旅游消费休闲度假需求对周边的辐射也是相当强的。我们现在看到，河北很多地方已经承载了北京旅游业的辐射，这个辐射对北京周边地区经济发展、产业结构调整也产生了很大的推动作用。

如果我们考虑到北京辐射的特点和北京优质资源过度集中的现状，我们再考虑怎么样双管齐下，是不是可以把增量的资源向外疏解，疏解的过程中，当然未来人口可能还会增加，但是可以放慢人口增长的速度，等周边基本公共服务水平进一步提高的时候，可以缓解北京过度集中的压力。另一方面，可以允许市场的调节，允许这些行政的、市场的，包括各种人口、消费的资源，在周边按照一种规则自动去选择。比如把交通构架建好了，他们会自动到一个地方生成，而不用通过行政的手段强制实现。

## 三、北京应减少本地福利供给，调节成本，疏解功能

**人民网：**有人担心会不会河北在这个过程中城镇化率提高了，经济发展水平还没有达到我们的预期，反而"大城市病"倒是先来了？

**李铁**：这么多年研究北京问题，其实北京人的这种担心远远高于其他地方对这个事情的担心。对北京来说，要是落户给放开了，要是给你一种发展的支持，要是把这个壁垒打破，会有更多的人到这里来。从20世纪80年代到现在，北京一直在限制人口，但人口从1000万到1300万，到1600万，再到1800，乃至现在的2100万，每次都提前突破规划，这个事并没有解决。现在解决的不是人口进不进入的问题，而是人进来了给不给公共服务的问题。第二，北京在实行行政壁垒的时候，过多地放大了自己的福利供给。就是北京的要素价格失真，那就会使更多人流向这里。我们前年做了一个关于控制北京人口的调查，这个调查结果发现，北京外来人口的40%来自于河北、河南和山东，我们把山东、河南、河北的城市的一些基本数据和北京做了一个对比，从人均财政收入、人均投资、人均消费，包括基础设施的价格、副食品消费价格做了对比，发现北京的人均收入、人均投资和人均财政支出都远远大于周边这三个省，可是基础设施和公共服务价格全都比这三个省的城市低。很多人说，北京的物价高，其实它的副食品价格低于河北石家庄、山东济南和河南郑州，水价稍高一点点，但是水价收入比肯定低很多了，电价、天然气价，包括公共交通价格，都是最低的。北京有这么多的资源，各种消费品价格、基础设施价格增加了这么多的福利因素，包括教育的优惠、医疗的优越，人能不来吗？

在国际上，一个城市的发展是通过成本调节的，世界上所有的大都市，都是人口最聚集的，这是符合城市化发展规律的。特大城市人口就业机会高，寻租的机会多，他到这儿就业很方便，所以很多人都到大城市。世界上欧美这些国家，包括日本、韩国，人口都是向大城市、特大城市进，当然它没有这么多人口，可是进了大城市之后，就会面临几重选择。第一，收入到底能不能弥补生活支出；第二，生活成本和心理上承受能力能不能使人停留在这里。在这个选择过程中，人都是理性的。可能在这儿工作一段时间就走了，另外还有人源源不断地涌入到这里来，就出现了世界上普遍的大城市过大，首都发展的急剧膨胀，然后形成人口拥挤、交通拥堵等压力。但是这是一种发展规律，这种发展规律怎么解决呢？要注意到，上海虽然人也在往里涌，有2300万人口，但是杭州、苏州、南京等上海周边城市，并不是人人都愿意去上海，也并不是人都愿意去南京，甚至无锡、苏州、昆山的人就不愿意到苏州去住，常熟的人就不愿意去苏州住，因为他自己那的生活环境更好。说明什么问题呢？那就说明，周边的中小城市发展水平高了，也有它独特的优越性。而且它也通过交通更好的通达性，可以使就业和居住进行分离。

国际上很多城市都是如此，可以住得很远，但是交通很方便，可以到那里就业，回家去住。日本也是如此。说明如果北京继续保持着和河北这么巨大的反差，仍然有一个环北京贫困带的状况，很多人还会向北京涌入，这是一个现实。可是如果给了这些城市更多的发展活力，给了更多的发展机会，我们不能想象三五年之内就改变这种流向，但20年、30年之内这种流向必然会发生变化。最近日本国土厅到我们这里来讲东京50年的发展历史，东京也是经历过波动，人口过度向东京集中，然后再向外分散，再向内集中，再向外分散，就是这么一个过程。但是这种趋势是大大减缓了，一点点减缓，时间拉长。关键在于它的发展水平，这种变化，使它更多地去选择周边的中小城市，这是一个发展的规律性问题。

我们考虑协同发展过程，首先要考虑几点。

第一，不能再通过这种行政壁垒的方式增加福利供给，使这种差距越来越大。因为北京公共服务水平太好了，生活成本又这么低，中心城市房价高，但租赁房屋并不高，所以一定要减少福利供给。

第二，要符合规律。成本是人们所能承受的能力，一个是经济成本，一个是社会成本，及心理承受能力和经济承受能力。如果把成本抬升，一部分人自动会去寻求要素价格更便宜、生活更便宜的地方，至少不会更多集中在首都主城区，这也是可以选择的。当然我们在这个过程中，还在加大这种福利，还在维持这种福利。

第三，在整个资源分配方式上，是不是也得考虑给其他地方更多的机会。现在北京提出职能分解，我觉得职能分解的道路是非常好，20世纪60年代、70年代有很多中央的部门不在北京，现在全都集中在北京了，过去大的企业总部都不在北京，现在为什么都集中在北京？因为有北京户口，有了北京户口，孩子就可以很顺利地完成高考。在大的格局下，北京这种职能向周边分解，恐怕也是一个很重要的选择。职能分解出去了，就一定会减少增量的压力，因为现在不能说北京人口不再涨了，但是涨幅在减缓，很多问题就会逐渐化解。还有一个就是过去是牺牲河北保北京，比如保北京一汪清水，保北京一片蓝天，保北京产业结构调整。可是在完全保的大前提下，发展机会就丧失了，也使这个差距在拉大。北京已经到了发达国家那个水平了，为什么不反过来去通过自己的资源、通过自己的能力来支持周边地区发展呢？

**人民网：**在这个疏解过程中我们怎样摆正政府和市场的关系？哪些方面政府重点做，哪些方面应该让市场做？

**李铁：**这是一个特别有意思的话题。特别要说明的就是最近我们看到所谓副中心的一些提法，大家都希望规划把自己作为某一种副中心，这就是没有摆正政府和市场之间的选择。实际上在河北省，包括北京市、天津市，制定未来发展规划的时候，恐怕要降低这种对于政府过度的期待。政府不能所有的事情都去做，比如去建一个新城，前一段时间提出环北京经济圈的时候，河北就搞了唐山的生态城，思路是不光吸引河北人到这里来投资，可能需要北京人到那里置业、买房，搞了一个很大的投资。但是这种政府拍脑袋决策的预期和现实中发生了反差，并没有人去那里投资置业，导致了生态城夭折，和原来投资的初始预期差距太大，造成了相当大的浪费。很多人可能说，是不是要保定副中心，最近廊坊、沧州又提出，这都是一种政府主观决策的思维在作怪，它并没有了解市场的选择。

第二，整个区域内的交通和基础设施的配置，是不是要打破行政的壁垒，突破原来的辖区管制，站在更大的范围上，由中央统筹来制定政策，民营、外资来进行投入。一些辖区内的基础设施的管理，是不是也放开民营来管，使价格更加和市场接近。通过市场要素的进入，也减少福利化的色彩。如果民资、外资根据自己的选择，在空间上进行资源再配置，可能更为合理。

第三，人口的分流和职能外迁过程中新增资源在周边的选择，可能市场作用会更大一点。我们知道在廊坊曾经建过大学城，当然不是很成功，环北京经济圈原来有 14 个沿边城市，叫环北京经济圈试点城市，都提出自己很好的发展预期和方案、规划，当然，基本都落空了。他们那个时候设想跟北京竞争更多的资源。如果政府通过规划，把交通格局建立起来，这个交通格局是要选择的，比如说是高铁，还是轨道、高速，这种大的格局构架建立起来以后，有民资投入，市场会自动发挥作用。比如这些大学希望去哪里，他会自动寻找他所期望的地方，他会自动地在某一个地点形成一个新城，这样谈判机制就会减少主观决策带来的资源浪费。因为过去30年的城镇化，政府大拆大迁主观决策的新城建设造成大量的资源浪费已经是屡见不鲜的事实。在京津冀一体化过程中，为什么强调市场发挥作用，就是不要主观地期待着这种政府给提供的资源来建立一种副中心和新城。这是最重要的一个前提。

## 四、高层决心、倒逼机制和强调改革下，京津冀协同可以有很大很好的预期

**人民网**：20世纪80年代就提出了京津冀一体化相关的设想，到现在已经30多年了，中间方方面面的意见都参与进来，有的时候人们热情高涨，有的时候又搁置在一边了。现在您觉得是京津冀一体化最好的发展时机吗？我们有什么信心能够克服之前没有发展成功这样一个氛围？

**李铁**：中国30年城市化高速发展积累了很多矛盾，也不光是城市化的发展问题，中国经济社会的发展到现在积累了很多的矛盾。当然首先有一个大前提，就是新一届政府在这个方面的力度和决心，十八届三中全会的力度和决心。从十八大以来，在改革，在反腐，在很多大的国家政策上力度都特别大，在这个大前提下，提出经济一体化政策，可能和以往有很重要的区别。既然提出了协同发展，又在制定规划，十八届三中全会精神为主导，又吸收了社会广泛的智慧，而且又特别强调协同发展，要凝聚三个地区的共识，在这种强有力的推动下，可能和以往有很大的区别。我相信会有一定成果。

第二，倒逼机制。所谓倒逼机制就是问题再不解决就不行了。雾霾问题、交通问题、人口过度膨胀带来的各种社会压力问题，已经给我们现在各级政府的执政带来了非常大的警示。特别是三地差距的拉大，越

来越大，产业结构调整的难度越来越大，以及环境的整体性，对北京的反作用越来越大，再不解决，恐怕会带来更大的社会经济危机。倒逼不得不下这个决心，不得不去解决这些问题。

第三，强调改革，强调理顺政府和市场的关系，我觉得这也是一个很重要的前提。过去的发展，更多的是站在原有的利益主体、利益架构下提出一些口号，更多的保自身的利益。通过改革，既解决了区域发展问题，又解决了资源配置问题，以这个思维方式来进行主导，来推进这个协同发展政策，恐怕也是必由之路。

从这三个方面来讲，我觉得可能会有很大的很好的预期。当然，我们也得看规划到底怎么出台，到底什么思路。这个可能还需要进一步地去斟酌。

## 五、北京不应该提出所谓"以水定人"和迁出低端人口

我特别说一下以水定人，对以水定人提出质疑。20 世纪 80 年代提出人口控制是以水为前提，说北京的水资源容纳不了这么多人。但是有一个数据非常说明问题，就是 20 世纪 80 年代北京人口 1000 万的时候，用水量是 40 多亿立方米，现在到了 2014 年，北京人口已经快 2200 万，可是用水才 35 亿里立方米。增加了一千多万人，用水量减了 5 亿立方米，说明什么呢？这是第一个大前提，并不是说水是一个绝对的因素。包括我们现在还有很多的方法没有采用，比如阶梯水价，通过价格调整用水机制，还有很大的空间。

第二，整个华北地区是一个水资源生态条件差不多的地区，发展越落后，耗水量越大，河北每年采地下水的量是非常大的，已经形成巨大的漏洞。所以这个问题，就一定要通过工业化，特别是城市化，才有可能降低对水的过度浪费。

第三，通过产业结构调整可以提高水的利用率。河北城镇化率 46%，但是农业占相当大的比重，降低农业用水，还可以通过补贴的方式提高利用率。我们曾经去张家口调查，它利用滴灌，大大减少了水的浪费。包括海水淡化、南水北调等，节水和多方面的水资源的利用，都有很多

扩展的空间。

我觉得北京不应该提出所谓以水定人，而且人口不来北京了，河北的人到哪里去，把人都撵到河北去也同样用水，恰恰在北京状态下用水是最节省的。我觉得在这个问题上来做排斥人口，还是有一种自保观念在发挥作用，大家都不想给外来人口更多的公共服务，都想减轻城市的负担，希望自己保留更多的优质资源。当然，我觉得这是特别错误的。所以，从20世纪80年代到现在，以水定人自开始就是一个错误的观点，到现在，它还在制约着我们某些领导的观念，我觉得，该是要调整的时候了。

**人民网：**让优质人口留下来，其实还需要基础的服务，需要各个层次的人。把卖菜的、收塑料袋的撵出去，大家怎么生活？

**李铁：**不仅仅是卖菜的、送快递的等，人口是一个产业链，越高端的人口、越富有的人口越少，中低收入越多。但是相互之间是需要服务的。比如一个企业家，他是拥有很多资源，但是他一定有几千个、上万个工人支撑他的企业，没有这上千、上万的工人，这个企业没有办法立足，越大的企业越如此。这些人要消费，富人家庭的消费也需要有服务的人员，这些服务人员的消费的产业链再往低端还需要更多配套的服务业人员。我在这里看人口结构的时候，实际上更多看中低收入人口，他们有自己的产业链和自己的相互的服务人员，比如一个饭店的服务员，可能月薪两三千块钱，他可能租赁比较便宜的住房，他去买东西，一定不会去高档超市，他一定会去最便宜的菜市场买东西，他一定到小商品批发市场买东西，这就是一个产业链。低端产业链迁出，大量的从事批发产业的所谓和北京没关的产业迁出，其实直接影响到北京原有的居民的住房租赁问题。这种产业链和人口结构，是所有城市都必然面临的一个完全符合客观规律的事情。可是我们很多城市往往是想只要高端人口，都忘记了其实支撑着这个城市发展的更多的是中低端人口。

# 京津冀区域特点
# 及协同发展的挑战与建议

## 一、中国区域关系视角下的京津冀协同

第一，北京、天津和河北都不是一个单一的城市，是一个经济辖区，特点是行政和经济一体。

第二，除了国家层面大的交通基础设施配置之外，其他基础设施的配套和供给是由区域自行解决的，因为要考虑自身的利益，区域之间基础设施的联系相对薄弱。

第三，公共服务的行政区域化分割。仅从城市户口来讲，天津的户口进不了北京，河北的户口进不了北京和天津，因为背后有公共服务支出标准的差别，京津冀区域间的公共服务相对是封闭的，严重影响要素的流通。

第四，判定政绩标准的干部管理体制决定了各区域更多考虑本行政辖区内的利益。

第五，区域之间的关系不是互补的，是相互竞争的。不仅仅体现在北京、天津、河北之间是竞争的关系，在河北的城市之间、在天津的区县之间也有竞争。有了竞争，谁拿到更多的资源谁就能改变本地区的财政供给状况，也能改变基础设施投资状况，还能改变居民的公共福利支出水平。区域竞争的格局，不仅是京津冀，在全国也是普遍的现象。

---

本文根据李铁在第二届中国中小企业投融资交易会之"京津冀一体化联动论坛"上的主题演讲整理，2014 年 7 月 8 日。

第六，区域产业同构。河北和天津、北京有产业的差别，河北以工业为主，天津是工业的中后期，但在一些产业上可竞争的资源是同构的，例如环北京经济圈 14 个城市曾经搞过试点，当时提出口号都是要和北京发展互补性的经济，具体到某一个规划却基本上都强调产业的发展，都想高端化，开发房地产，提生态概念，基本上跟北京一样。跟北京竞争有限的资源，同构竞争的现象在京津冀几乎所有的城市都存在。

由此可见中国区域的大致轮廓，不是完全流通的、市场完全开放的区域经济，也不是如想象中的理论上可以互补，而是建立在行政等级架构上形成的独特的区域道路。

## 二、区域的行政壁垒导致基础设施和公共服务差距

京津冀区域总人口 10874 万，其中北京 2115 万，天津 1472 万，河北 7287 万，区域人口约占全国的 7%，区域面积占全国的比重约 2.2%。京津冀区域发展处理好了，可能会给全国的区域发展起到典型的示范作用。这个地方的行政色彩是最强烈的，而且区域之间的差距是最大的。研究京津冀的课题确实是一个比较困难的事情，要解决行政体制问题，要解决区域差距问题，还要解决市场开放的问题。

虽然 20 世纪 80 年代提出环渤海和环北京的发展，但事实上，行政等级的特征使得天津、河北相对处于从属性地位，北京首都的概念具有绝对的优势。由于一切以北京为中心，在所谓一体化的协调发展上，河北的话语权相对较小，整个要素基本上是流向北京。北京人口快速增长的格局没有发生什么变化，北京可以调动优质资源，与其在区域行政上的位置有直接关系。

北京优质资源的集中度太高了，公共服务水平和优质资源结合在一起，使北京的户口含金量大大提高。北京可以调动全国资源来申办奥运会、冬奥会和各种大型的国际活动，还可以吸引更多的市场化要素，北京的行政能力和首都决定了发展的优势。天津靠自身的政策优势，这些年提出滨海新区的发展战略，包括自身一系列的改革，对天津的发展起到重要的支撑作用。而河北，既得不到北京的政策扶持，也没有能力吸

引全国的资源，只能靠自身的煤、铁矿、石灰矿等，只能发展相对应的产业。正是这个导致了三地的收入差距，从 20 世纪 90 年代的 5 倍，到现在的 5.6 倍，这个差距越来越大。

最近我们撰文呼吁公共服务均等化，提出率先在河北一些地区，廊坊、张家口等城市和北京实现户口一体化，但北京很多人坚决反对，整个城市居民对外来人口享受北京的公共服务有强烈的抵触心，这种福利已经被固化了，已经形成既定的利益结构，对改革也是巨大的阻力。

实际上，京津冀有很多东西是相连的，比如环境、水资源等。我们多次讨论京津冀一体化的时候，河北省领导同志提出坚决响应中央的号召，保住北京一片晴天，张家口在这方面作出了巨大的贡献，调整了产业结构。同一片蓝天下，河北发生什么变化，北京都能感受到。水资源是北京市发展的短版，其实不仅北京的水资源短缺，整个华北地区水资源都严重短缺，河北虽然水资源丰富一点，但是地下水超采的问题极其严峻。然而，从统计数据上看，特大城市的用水更节约。在同一个短缺的水资源体系下，北京在水的利用效率上远远高于河北，所以通过人口向北京的聚集，更能节约水资源。

## 三、产业协同难，北京的辐射主要在服务业

很多人讲到三地产业的互补，很多地方政府希望北京能更强的带动河北经济发展。但是看产业结构的话，我们会发现复制珠三角、长三角的发展模式恐怕只是停留在想象当中。从工业产值上来讲，北京的工业占比是 18%，河北是 46%，天津也是 46%，北京的工业总产值不到河北的五分之二，作为一个弱工业地区，对一个广大的河北省产生的辐射作用能有多大？这个是值得提出疑问的。所以，北京工业不仅仅对河北没有办法辐射，对郊区的工业都没有辐射，更不用说对河北的辐射。天津的辐射能力也只是到郊区，辐射不到河北，而且天津的产业跟河北是竞争关系的。

北京能够辐射的不是工业，主要是服务业。北京 2100 多万人口的消费，向郊区和河北辐射，北京的消费外溢带动了秦皇岛和张家口的发展，

北京人可以到北戴河旅游，到承德旅游，现在开始向张家口辐射。这和北京的资源特点、产业结构有直接关系。不仅仅是旅游服务业的辐射，未来还有大量的优质资源，大型医院、企业总部等的外迁，而不能指望工业。天津的工业辐射虽然带动了周边区县的发展，但是目前这种带动能力更多的集中在滨海新区，向周边区县的辐射也在减弱。河北最大的特点就是他自身的城市并没有辐射能力。不同类型产业辐射的空间和范围有很大的不同。

产业规划上的同构是一个很大的问题。北京周边，包括天津许多中小城市，提出的房地产发展目标都是一样的，都想要发展高档地产来收取更高的土地出让金，减缓地方财政的压力，但是恰恰在这个上出现了巨大的竞争。看一看地方城市的财政支出，北京的财政支出60%依赖土地出让金，对房地产依赖极强，天津河北也一样，使协同发展很难达成。三地竞争的重点在优质资源，怎么样能给地方带来更多的财政利益和优质资源，当然是房地产，附加价值高的工业企业。在这个竞争中，河北处于劣势，河北有丰富的劳动力资源和丰富的土地，但是劳动力资源在向北京靠拢，北京市近900万的外来人口中，40%来自河北、山东，绝大部分还是来自于河北，北京的就业机会远远高于其他城市，大家还是想到北京来寻找发展机会。河北土地成本相对比北京低一些，但也不是绝对的优势，北京在吸引外来投资的时候，土地的价格也很低，可以通过房地产弥补，河北这方面弱很多。

## 四、人口流动有其自身的趋势和规律

随着都市圈的发展，未来人口到底向哪里流动？我国有户籍制度，公共服务有限制，但是挡不住人口流动，从2004年到2013年，北京户籍人口每年增加15万人，但总人口平均每年增加60多万，相比东京都市圈的3400多万人口，北京是2100万人口，按照要素流动的市场化趋势，人口向北京集中仍然是一个不可阻挡的趋势。

东京都市圈的人口主要集中在半径30公里的区域内，3400万人口的半径不超过50公里，交通成本决定了城市扩张的边界，东京600平方公里范围内吸纳了将近 1000 万人口，北京 5 环内也是 1000 多万人口，再往外扩张是 30 公里，就是到河北燕郊，还有庞各庄，而设立保定、沧州等副中心的说法，这不符合全世界城市的发展规律。城市沿着边缘扩张，沿着轻轨线扩张，这是一个发展的规律。未来北京市的人口集中区在不发生变化的情况下，优质资源转移的最大特点是在半径 30 公里到 50 公里范围内，基本上还是在北京都市圈内，所以河北不要在这方面给予过高的期望，保定房价上涨纯粹是炒出来的。

## 五、京津冀协同发展面临的问题和困境

三地处于不同的发展阶段，面临的问题不一样。北京由于福利相对封闭，高水平的公共福利下已经面临发达国家曾经有过的城市病，开始关注雾霾问题，关注城市拥堵问题，又担心环境的问题，而环境问题、拥堵问题一方面跟自身规划有关，另一方面也和大气环境有直接关系。雾霾影响到北京了，才想到一体化，在这种情况下应该提出什么样的政策？现在我们看到的政策是要求河北压缩工业、压缩煤炭，其实还是以北京为主轴的一体化政策，这样河北怎么完成过渡呢？天津服务业是弱项，发达国家城镇化率达到 80% 多的时候服务业比重是工业比重的两到三倍，天津服务业发展怎么解决？城市发展的理念和规划，还有发展政策要进行调整。

行政壁垒的影响大。沿北京边界的城市对疏散人口、缓解北京房价压力本来是可以起到作用的，但是京津冀区域的基础设施是分割的。据了解，河北目前与京津对接的高速公路、国道、省道共存在"断头路"里程达 2300 公里，县道、乡道则难以估计，使得这种作用被压制了。北京现在的基础设施、交通资源的配置使河北和北京的联系不是加强的，反而造成了交通拥堵，也使河北一些地方想吸引北京低端产业遇到了挑战。

北京现在的轨道交通规划，以及和河北省交通的联系，满足不了对外的要求，现在只是高端化，就是高铁，但高铁对短距离人口流动的有效性远远低于轻轨和公路。相比而言，东京都市圈市郊铁路 2500 公里，

东京周边的很多城市，都是通过轨道交通连接的，北京才 77 公里，只有轨道交通网络基本建立了才能够向河北进一步的延伸。

资源要素的市场分配机制也有问题。传统的区域协调方法还在主导未来的规划，但其实研究区域的问题要研究体制问题、行政体制管理问题、交通问题等。

## 六、促进京津冀协同发展的六点建议

第一，以人为本，以促进增长就业为前提。协同发展也是发展，是解决人的问题。河北 7287 万人口，城镇化率才 46%，未来还有 20% 左右的人口要从农村转移出来，怎么能借着京津的发展快速步入城镇化进程。如果所谓的京津冀一体化归结在城市见物不见人的规划上，恐怕要走弯路。这么多年地方政府更多关注是城市的发展、城市的建设，忽视了产业、忽视了人口，所以京津冀一体化的核心问题是怎么样通过北京、天津两个这么好的城市把河北的非农就业和城镇化带动起来，是人的问题。

第二，尊重规律。京津冀协同发展不是一天两天的事情。很多地方提出来三年大变样。我们看韩国，计划很强，平均一个新城的建立大概也需要十几年，而日本基本上是 20 年到 30 年建一个新城，可是中国很多地方 3 年就想建一个新城，导致成本过高，农民进不来。

第三，重在建立机制。解决行政间的配置问题，解决体制的障碍问题、公共服务均等化问题，花 10 年时间把整个机制建立起来，形成要素流通的大环境。

第四，以市场为主导，打破行政的过度干预。既要打破等级化行政干预，建立高层的协调机制，同时也要发挥市场的主体作用，弱化政府建新城的强烈动机。无论在交通资源还是基础设施资源配置上，甚至是城市公共服务配置上，更加尊重市场的选择。

第五，原则上调整增量、继续优化存量。比如限制中央新增事业单位在北京，新的大学、新的医院、新的总部不要在北京了，向京郊、河北布局，这样才有可能带动资源的优化配置。比如东京，提出政策规定工厂的规模和学校的规模，超过规模一律不予到东京城区建，起到了一定的遏制作用。

第六，改变区域研究方法，改革区域管理体制。京津冀服务业发展，北京是一枝独秀，怎么样发挥北京的服务业优势是一个大课题；能不能改革户籍，在部分地区形成户口同城化，比如把北京周边几个城市户口与北京同城化；不要以边界建立经济区，过去是沿北京周边建立北京圈，张家口为什么可以申奥，这跟北京的服务业有天然的联系，所以，要研究怎么依托市场重新建立经济圈，而不是简单的边界；怎样通过轨道等重新规划区域交通问题，发展承载人口多、节点多的交通，而不是高大上的交通。日本、韩国的经验不是建立高速公路、高速铁路，而是更多通过轻轨等轨道交通带动人流，在此基础上形成卫星城。

对河北经济发展水平弱的地区、人口城镇化弱的地区要加强政策支持，北京、天津应该对河北进行支持。

# 交通是京津冀协同发展的关键因素

放射性延伸是特大城市发展规律。李铁认为，京津冀协同发展，需克服区域经济差距等阻碍。京津冀一体化涉及一个省和两个直辖市，三者的发展存在不同阶段，也有各自不同的优势和特点。如何实现京津冀协同发展，使其成为我国未来改革的前沿阵地、经济发展的新引擎？以下是《新京报》记者对李铁的采访内容。

## 一、打破阻碍应采取强硬措施

**《新京报》**：你觉得京津冀协同发展目前面临最大的阻碍是什么？

**李铁**：区域经济的差距和行政区域的分割。不用讲大道理，一个富村和穷村之间这种关系，富村不管是怎么富起来的，它们也不愿自己的资源被别人分享，它要保证它发展的优势。穷村呢，可以通过补偿方式，让它慢慢地跟进。

解决区域发展的壁垒，主要是怎么来处理发达地区和不发达地区发展的关系。这种关系，行政管理区域化把它分割了，我们要正视这个前提。

**《新京报》**：如何解决面前的这些阻碍呢？

**李铁**：第一个问题，打破这种障碍，应采取强硬措施，而这种强硬措施，到底实施到什么程度上，是通过中央补偿的方式，还是把北京的资源强制划分给河北，这都是需要深入研究的。

如果完全按照市场化规则来走，面临的另一种趋势，北京大量的优

---

本文刊登于《新京报》，记者袁晓澜，2014 年 9 月 3 日。

质资源会把各种要素吸引过来，而不是流向河北。强制性地让各种优质资源外迁，也会面临难题。所以，需要稳步推进公共服务的本土化。

第二个问题，不要期望京津冀协同发展很快就可以实现，这是一个长期的过程，和中国改革的进程同步，而改革也是一个长期的过程。同时，我们要对改革面临的困难和阻碍有进一步的了解。改革的困难可以理解为行政区域化公共服务的封闭性、基础设施资源投资管理的垄断性。首都优势使大量资源集中，京津冀之间的发展存在差距，既有公共服务资源配置的差距，也有人才配置的差距。

使用什么样的手段，能给河北带来更多的发展，这是一个非常大的难题。

## 二、交通是京津冀协同发展的关键因素

《新京报》：这些年来随着北京的发展，也在与河北交界处形成了一些连接点，比如燕郊。通过北京、河北交界处自然形成的连接点是京津一体化发展的突破口吗？

李铁：北京对郊区的规划比较严格，在北京的郊区突然出现一个镇，这种可能性不大。在北京周边 30 公里，只有这么一个燕郊。原来燕郊是一个国有企业相对集中的区域，距离天安门 31 公里，而它在规划上，又不受北京所制约，燕郊走了一条市场化发展的道路，才形成了这么一个人口聚集的新的城区。

所以我们要特别注意，大城市要扩展的半径区域在多远。我们对东京、首尔的研究，就是 30 公里。30 公里圈建立了大量的新城，所以这些区域能纳入大量的人口。然后通过城际铁路、轻轨的连接，使得到达这些新城非常方便，房价相对主城区又低很多。

东京和首尔 2700 平方公里的面积内都没有填满，核心区密度很大，再向郊区延伸的时候，就不是摊大饼的形式了，而是顺着轻轨线，呈放射状往外延伸。这是世界特大城市城镇化的一个普遍趋势。沿着城市边缘摊大饼，到一定程度，人口的聚集度在下降，就开始沿着交通线聚集延伸了，所以最后是放射性的发展态势。

我们国内对此研究严重不够,老是认为"摊"是不是应该的。其实"摊"是最合理的选择,我们不是要薄摊,而是要厚摊,因为它经济上最合算,基础设施不用重新去修,沿着原来的线路往外走,成本最低。但摊到一定程度,就会随着轨道交通,呈放射状往外展开。所以不要认为摊大饼很恐惧,摊到一定程度,摊不下去了,摊的成本会很高,没有那么多人口填进来,就呈现放射性发展了,放射性发展模式在铁路的节点上,会自动形成卫星城,这是特大城市发展的普遍的空间规律。

**《新京报》:** 交通对区域发展特别重要,京津冀协同发展如何发展交通网络?

**李铁:** 到底是高速公路,还是高铁,交通方式该如何选择?高铁能带动高端人流的快速流动,对整个区域,京津冀城市带动作用比较大,是中心城市之间最佳的联系通道。河北有很多中小城市,全部靠高铁成本太高,高速公路在主干道可以做到,但有分支的时候,需要更多的网状二三级公路来解决交通问题,才能更多地带动当地区域、小城镇的发展。所以交通是未来京津冀发展非常重要的一环。但不要老盯在高速和高铁上,北京私家车保有量约550万辆,周末休闲度假需要快速出城,在某个节点需要更方便的通道。应该尽量加快公路设施改善。但也要注意交通成本不能过高,否则也会限制人口流动。

## 三、与北京有互补,才会有好的发展机遇

**《新京报》:** 河北怎么利用自身优势在京津冀协同发展中得到快速发展?

**李铁:** 现在指望北京对河北能起到多大的带动作用,并不明显。它能起到的作用,更多的是把人吸到这里来。加快河北农村人口来北京就业,加快北京城市化效率,也可能河北人口回去创业,对河北起到一定带动作用。

京津冀协同发展,很多人看房地产发展,我觉得不仅仅是房地产。河北优势是劳动力、土地便宜,但不是所有地方适合房地产。与北京有互补,才会有特殊的发展机遇。买房后,在那儿要有事干,不能没事干。

这里面取决于市场怎么选择，而不是主观选择。

但河北发展的核心在于服务业的外溢。河北崇礼旅游业的发展就是一个很好的例证。

**《新京报》**：京津冀一省两市中，天津处于何种位置？

**李铁**：天津处于工业化中后期，服务业高度集聚。但公共服务配置与北京有差距。如果京津实现同城化，京津资源会发生很大变化。

**《新京报》**：是不是说京津协同发展更容易些？

**李铁**：比较容易。两个都是直辖市，公共服务方面没有太大差距，但就是"高考"这一件事做不到。现在京津交通网络更加畅通，有高速公路、高铁。但天津与北京周边交界处，现在还没连起来，虽然有大好的资源，如蓟县景观好，但交通还不是特别方便。

**语录：**

"不要认为摊大饼很恐惧，摊到一定程度，摊不下去了，摊的成本会很高，没有那么多人口填进来，就呈现放射性发展了。放射性发展模式在铁路的节点上，会自动形成卫星城，这是特大城市发展的普遍的空间规律。"——李铁

# 尊重市场规律，促进京津冀协同发展

关于京津冀的问题，前一段时间舆论的炒作给人产生了误导，使得社会更多关注房地产的发展，出现了很多"副中心"的说法，导致有些城市的房价暴涨暴跌，后来这个势头得以扭转。我们也注意到有媒体已经报道京津冀相关规划要出台。我主要谈谈在城镇化大背景下，一个区域的协同发展应该具备的一些分析方法。

京津冀协同发展不能违背两个问题，第一是中国城镇化高速增长大背景，研究京津冀肯定不是研究京津冀农业的发展，而是研究京津冀整个大区域之间的关系。第二，不能回避区域问题，北京、天津、河北这三个大型行政区是什么关系？市场要素完全可以打通还是存在行政障碍？这需要认真研究思考。

虽然北京和天津叫"市"，但实际上是辖区概念。在和国外城市对比的时候，有的资料显示北京和上海的人口密度非常低，每平方公里一千多人，也有人讲上海土地产出低于很多国家的城市，这其实有很大的误差，是把行政区和城市混为一体了。当我们把北京市的行政辖区当成一个概念分析的时候，得出的人口密度肯定是相对低的，要是把主城区人口密度和国外城市进行比较，恐怕是差不多的，土地产出也没有大的差距。了解中国区域问题，首先要了解城市和区域的区别。

京津冀三个地区差距非常大。北京城市化率86.3%，天津78.3%，河北48.1%，这么大的城镇化差距怎么进行协同互补，是非常大的问题。长三角、珠三角区域之间的差距没有这么大，京津冀三地完全处于不同

---

本文根据李铁在"2014崇礼·中国城市发展国际论坛"上的主题演讲整理，2014年9月23日。

的发展阶段。如果再研究一下产业结构,北京对周边的工业一直以来就没有辐射作用。天津对辖区有辐射作用,但是对河北辐射很低,河北基本靠自己的铁矿、煤矿等资源优势发展资源性产业。像东京对周边的工业辐射的状况,在北京几乎不存在。北京和周边的协同发展,与城市化率和产业结构有关,北京对周边地区的辐射主要是服务业的外溢。张家口就是一个典型,涵养了十几年之后成了北京旅游的重要消费地。秦皇岛、北戴河、承德等地也一样,在每年两千多万旅游人口中,800 多万来自京津两地。每个地方有每个地方的产业特点,发展阶段也有很大的差距,北京以服务业带动为主,天津处于工业化中后期,第二产业占主导地位,河北处于工业化中期阶段。

三地发展阶段、产业结构不同,然而在产业规划上却形成了同构竞争的格局。三个地区都在竞争优质资源,竞争优质的房地产,竞争优质的高新技术产业。不仅仅北京和周边河北的 14 个城市有竞争,北京和天津也有竞争。这些城市房地产发展的形态基本都一样。在目前大的区域背景下,区域之间一直没有互补关系,就是一个竞争关系。

三地发展阶段差距大,导致公共服务差距也特别明显。全国最优质的资源都集中在北京,导致有虹吸作用,北京的户口优势远远大于其他地方,天津的户口和北京都不能对换,河北更不能,这就形成了区域协同的一个鸿沟。很多人提出北京的环境、水等资源不能承载更多的人口,可是应该看到,北京、河北、天津处于华北的同一片蓝天下,拥有同一片水资源。京津冀人均水资源占有量是中国人均的 1/8,世界人均的 1/32,不仅北京缺水,河北、天津同样也缺水。水资源的情况、空气质量的情况,整个京津冀区域其实差不多,不存在哪儿的资源承载力差、哪儿资源承载力好的说法。

北京的城市病是大量优质资源集中、大城市高速发展过程中必然会面临的问题,重点体现在交通拥堵和雾霾。天津面临城市发展基础设施供给严重短缺的问题,它的发展空间并没有得到充分的填补,滨海新区那种庞大的发展计划离未来的目标还有遥远的距离。河北最大的问题是发展滞后,自我发展又遇到两个直辖市的行政压力。这是三个地方在发展过程中面临的困难和区别。

再就是行政壁垒，行政壁垒在中国是一个非常特殊的现象。中国整个基础设施的供给和审批程序是按行政区划来申报的，除了跨区域的交通设施配置，整个基础设施供给体系由行政区域自己来决定。因此，各地为了保自己的资源不至于外溢，特别是保证在土地上处于绝对优势（地方依赖于土地财政，绝对不希望土地出让金下降），导致在整个交通设施的配置上，区域之间没有进行有效连接。比如说河北和北京的房价差距很大，由于北京担心房价下跌，所以北京和河北之间的交通"断头路"特别多。

我们在判断城镇化发展、区域发展过程中，对特大城市的辐射期望值过高。总是想北京的2000多万人口和天津的1400多万人口足可以对周边产生辐射，导致规划半径过大，从保定到沧州，甚至邯郸、石家庄都被列入所谓"副中心城市"。我们最近去韩国、日本调研，也参照了世界上其他国家的一些资料，发现在特大城市，距离中心区的辐射半径基本上就30公里左右，这是最佳的半径。为什么说在30公里到50公里范围内是最佳半径呢？因为要保证一个小时左右到达上班的地点。30公里的半径覆盖面积是2700平方公里，如果城市人口密度达到每平方公里一万人的话就是2700万人。北京现在有2115万人，会随着城际铁路而不是高速公路向外延伸，因为城际铁路承载人流最大。所以特大城市向周边城市辐射过程中，如果期望值过高，设置的车程过远，就会导致一些基础设施配置出现投资偏差，对这一点要有清醒的认识。

中国等级化的城市管理体制下，话语权不对等，行政机制有差距，要素分配的市场机制也没有确立。传统区域协调方法还在主导未来的规划，经常强调协作、一体化、协同等等，其实对区域问题的认识远远不足。区域协调主要包括交通资源的配置，生产要素的配置完全市场化，行政区域间的所有障碍被打破。如果还是在计划经济指导思想上，不考虑交通问题、不考虑行政的等级化问题，不考虑公共服务差距问题，只从理想上、从计划经济模式上来配置资源，就存在很大的问题。

京津冀协同发展应遵循几个原则。

第一，以人为本，以促进增长和增加就业为前提。京津冀区域一亿一千多万人，他们在未来的区域发展和城镇化中应该占什么样的地位，这是关键，要考虑人在协同发展中怎么样发生转变，怎么样解决就业问题。更重要的是河北，城市化率只有48%，还有52%的农村人口，他们怎么从农业向非农产业转变，怎么样得到京津产业等各种方面的支持，还有中央政策的支持？

第二，尊重规律，制定长期发展政策。我们现在看到大量在规划中的短期行为，希望京津冀协同发展在三五年之内就实现，来一番城市的大变样，这是近些年很多城市发展中存在的严重问题。城市不是一两天建成的，更重要的是建立一个机制。

第三，建立机制，强化交通网络配置。到底以什么方式作为区域之间的纽带，哪些方式对人流的承载力最大，是不是到处都建高速公路？日本城市群之间连接的纽带基本都不是高速公路，但这些年从北京、天津向市郊延伸的公路都是高速公路，带来大量车流，只满足了买得起车的人的需求，而北京有八百多万外来人口，大量中低收入人口，要用什么样的方式满足他们的交通需求？

第四，以市场为主导，打破行政的过度干预。区域内一个核心还是两个核心都不重要，而应该确定人向哪里去、市场向哪里去，市场的选择远远好于行政区域自己的选择。崇礼是一个最好的经验，虽然张家口市政府、崇礼县政府这些年对崇礼的滑雪产业、冬季旅游、夏季旅游给予充分的支持，但是这种支持是在尊重市场选择下的支持，滑雪场不是政府投的，旅游的人口也不是政府动员来的，但是因此而带来的交通的配置给企业带来了非常大的市场机遇。其实无论申奥还是不申奥，只要有这种机会，当交通配置顺应这个机会的时候，这个地方的发展、各种资源配置的合理性就会进一步放大。

第五，以增量调整为原则，继续优化存量。人口向天津，特别是向北京集中的趋势短期内不会改变，这是中国城市化发展进程中一种必然的趋势。全国13.4亿人口，不能想象都分布在中小城市中，特大城市一定要发挥作用。日本1亿多人口，东京一都七县占4300万人口。中国人口相当于日本的十倍，这么多的人口，不遵循世界城市化发展的规律向大城市、特大城市集中，怎么可能选择一个悠闲的空间，寻求一种生态化的生活方式？所以提出存量优化。同时，特大城市的虹吸效应恐怕还要持续很长时间，所以要通过增量调整来放缓节奏，增加基础设施供给的能力，发挥周边中小城市作用，但最终还是要市场来决定。

对京津冀协同发展的具体建议。

第一，改变区域研究方法，改革区域管理体制。这是一个重大课题，我们到现在还没有深入地去进行研究。

第二，强化产业结构调整，促进服务业发展。在不同的发展阶段中，不同的地区要有不同的选择。北京在服务业发展中要考虑怎么向河北进行辐射，天津要强化服务业的发展，河北的工业发展要作出选择，是不是再走过去的高污染的发展路径？一方面需要靠自身去调整，另一方面也需要有足够的政策机遇。

第三，改革户籍管理体制。国家已经颁布了户籍管理制度改革的文件，但这只是迈出了第一步，问题远远没有解决。大城市还处于控制人口范畴，京津两个地区都是在控制范围之内，河北要想解决这个问题，必须要面对京津冀户口及其公共服务的壁垒。

第四，依托市场的联系而不是行政边界，重新界定经济圈。原来河北环北京一圈沿着边界划了14个城市，其实并没有建立起必然联系，北京人基本不到那里去。而看崇礼，离北京220公里，并不在当时河北划定的环北京经济圈内，可是崇礼恰恰依托于北京的旅游消费人群，促进了基础设施、房地产、旅游业的发展。要根据崇礼的这种经验，调整发展思路。沿着北京边界不一定有发展前景。

第五，通过中小城市调节人口格局。通过轻轨、城轨等交通要素把所有的中小城市连接起来的时候，市场会自动选择。交通配置好了，郊区的一些中小城市，很可能就会获得更多的发展机会，前提是交通。

第六，重新规划区域交通格局。不能主观想象，而是要依据最有利于各种要素低成本流动的方式来建立交通格局。

第七，确定分类指导的发展政策。考虑不同发展阶段、不同的产业结构和地理位置，制定不同的政策。像张家口崇礼的政策就和其他城市政策不一样，崇礼的夏季旅游有优势，因为气候凉快，以及各种要素的复合，可是现在空间受到严格的限制。想吸引北京的资源就不能是一成不变的政策，比如高尔夫球场，别的地方不能建，这个地方能不能建？

　　还有，申奥若成功，为避免新建的基础设施等公共资源浪费，一定要发展夏季旅游，使资源得到更好的利用。那么可不可以建高尔夫球场，可不可以建原来限制的市场化的设施，这都可以考虑。

　　研究京津冀协同发展，崇礼是很好的例子，在这里还有更好的机会，有申奥的大机遇，交通结构改变了，这个地方的发展会有无限前景。

# 对京津冀一体化的看法

**新华社记者：**我们有看到京津唐的规划是比较细致的，关于城市规划圈的问题您是否能给我们谈一下？

**李铁：**我没有参与规划的制定，但从区域的角度来讲，判断两个大的核心城市和一个地区的发展，并且怎么来统筹协调，不仅对中国，而且对世界都是一个巨大的战略问题。我们认为，在一个规划中解决所有的问题是不可能的，而规划中要重点解决以下几个主要问题：一是怎样优化首都经济圈的功能布局，遏制北京优质资源相对集中的情况？二是怎样通过对经济圈地区的交通配置来带动三个地区的经济协同发展？这要从每个地区行政管辖的大空间范围来考虑。三是产业布局上应更多发挥三地的优势，比如北京优势是服务业，天津优势是工业，而河北将面临工业的转型。四是环境方面，特别是三地的雾霾问题，既要实施生态保护，又要进行产业调整，还要解决燃气排放问题。在实行这些政策的同时是不是给予更多的鼓励政策，比如说北京申奥，会推动两地在经济、社会领域的全方位合作，还有在固定电话、移动通信等方面的区域一体化，如果给予鼓励支持政策，应该会有比较大的突破。

另一方面，毕竟北京和河北的发展差距较大，河北有7384万人口，而其中农业人口占64%，怎么能在经济一体化过程中完成农业就业向非农就业的转变？怎样有利于产业结构调整，并增加更多的服务业就业机会？这个是未来需要探索和总结的事情。

**新华社记者：**城镇化的融资问题，2015年前两个月财政收入下降得比较明显，四季度达到20%以上了，从债务问题和解决融资缺口的角度，

---

本文是根据李铁做客新华访谈的内容整理，2015年3月27日。

两者之间怎么样达到一个平衡？

**李铁：** 去年经济增长速度在一定程度上是有所下滑，直接影响了城市化水平的提高。关于基础设施的融资问题，原因是多方面的。有一些基础设施是城市发展中必须要解决的，比如供水、公共卫生、燃气等。当前，一些和我们生活息息相关的基础设施建设水平跟国外比还有较大的差距，而进一步加大投入还有很大的压力，特别是在一些特大城市还涉及交通设施的问题。总的来看，在中国未来城市化进程中，基础设施短缺是一个长期的问题，但也是必须要解决的问题。怎么解决？不能过度依赖土地财政，过去各地对土地出让投入了过多精力，当城市推动土地出让模式的时候，必然会推动房地产的发展，而以这种方式来获取资金收益的途径一定会有一个终结，就是一个高端房产的供给和中低收入群体住房需求得不到满足之间的矛盾，最终房子会卖不出去，到时候土地出让金也会难解偿债压力。尤其是 2014 年我们感觉到地方政府的压力越来越大，怎么来化解危机？

我们必须要面临几个块择：第一，不能把土地出让金一下子砍掉。第二，要开辟其他的融资渠道。过去采取的融资渠道是对土地的抵押，这种担保形式会发生一些新的变化，比如，原来国有的经营管理单位可以逐步市场化，这在国际上有好的经验，也有坏的教训，也有可能促使价格逐步上涨；再如，在某种程度上还可以放开让民资参股。第三，要研究金融系统进入这个领域的一些方法。第四，是不是可以调整基础设施的价格？像北京这样的一些城市，基础设施带有一定的福利化色彩，往往先人为的压低价格，再通过政府补贴来填补低价格带来的亏损。但现在财政补贴越来越少，怎样在稳定有序的情况下实行价格改革，以弥补运营的成本？这是一个严峻的挑战。如果说长期补贴的话，那没有一个民资或外资企业会进来，因为企业都要盈利，那我们是不是可以把补贴的范围缩小，市场化的空间放得更大？当然，这个也要考验社会的接受程度，往往反对的意见要大于接受的意见，因此改革会是一个痛苦的过程，要增加政府的工作难度，以后还要接受更细致和更广泛的来自社会的不同意见。像这次北京地铁价格调整的过程也很痛苦，加大了政府工作的难度，这是我们未来必须要解决的问题。第五，抵押担保机制是不是能进一步放大？国外的抵押担保可以把政府所有的资产进行抵押，抵押后政府无力偿还的时候要兑现，这个对政府未来的管理运行提出了很高的要求。

我们提出城镇化的时候，有一个非常重要的前提，即不是人为的推进城镇化，而是实施制度的调整，打破过去的制度障碍，来提供更公平的公共服务。我们也知道，由于地方政府传统的政绩和升迁机制，在这个过程中他们为了在任期内体现政绩，往往会把政府行为短期化，进而会对后任政府带来很大的压力，并且有过多表面化的要求。这种主观追求政绩的机制应该要调整。在城镇化进程中，公共服务水平要符合我们的国情，要把更多的工作从表面转到实质，从更多的基础设施供给转到公共卫生安全，这需要调整观念，而且会是一个长期的过程。

# 京津冀缺乏多层次轨道线网

近段时间，媒体关于"北京三条地铁将延至燕郊、固安、涿州"的报道再度引发社会广泛关注。李铁在接受央视新闻专访时认为，两个城市间的交通选择，前提是要符合市场的需求。像燕郊这种情况，希望能通过城际铁路或区域快线来加强与北京的交通连接。但是，北京周边像燕郊这样的地区并不多见，对于河北的其他城市而言，连通北京的交通配置，一定要考虑未来可能形成的经济收益。以下是李铁的观点整理。

"京津冀协同发展"是总书记在十八大后提出的一个非常重要的区域发展战略。战略刚刚提出，我们不能设想在一两年或者三五年内马上就能取得成绩，这是一个长期的过程。

## 一、地区发展格局不平衡

京津冀地区间发展不平衡反映在各个方面，比如，经济发展的差距，人均收入、财政收入的差距，基础设施供给能力的差距等，这也导致人口在空间中流动的变化。

现在反映比较强烈的是交通问题，这与发展的差距有关。一方面，在交通供给上，过去按照区域来配置，北京投入比河北高一些、快一些；另一方面，北京地价高、房价高，而燕郊地价很低、房价也低，大量人去燕郊买房。过去在没有强调京津冀协同的背景下，区域间是激烈的竞争关系，如果北京把轨道修过去，那就意味着鼓励大家去燕郊买低价房，

---

本文根据李铁接受央视新闻专访的相关观点整理，2015 年 5 月 13 日。

这会使北京产业流失，会使一部分房地产市场也流失，北京通过土地出让得到的收入会减少，可能会影响到北京财政收入的能力。在当前的体制下，区域间的发展差距，导致了行政阻碍，很多问题不断反映出来。

## 二、京津冀缺乏多层次轨道线网

当前，交通设施和交通方式正在发生改变，过去更多依赖公路，包括高速公路、普通公路等，现在我们正转向轨道交通，特别是城际轨道交通，不过仍存在很多不足，还没有建立科学合理的多层次轨道线网。现在大城市都把主要精力放在市区轨道上面，集中精力解决内部交通问题，但对于引导核心区功能疏散非常重要的城际铁路、区域快线重视不够，与市区轨道交通节点的衔接和换乘不方便，难以满足区域内不同城市间人口流动方式的差异对交通工具选择和交通设施配置的要求。

例如，燕郊距离北京中心城区30公里左右，处于特大城市都市圈合理边界范围内，已经聚集了60多万人口，大约一半人口在北京工作。两个城市之间有足够的人口流量，已经形成了密切的经济往来，但其交通及各种公共设施的供给还存在着一定的差距，导致上班难、下班难，上班族大量时间消耗在路上，人们在这两个城市之间生活非常不方便。

京津冀区域协同发展战略背景下，我们希望从区域视角出发加快构建干线铁路、城际铁路、区域快线、市区轨道等一体化的多层次轨道线网，统筹轨道站点与周边土地综合开发，从制度上解决这些问题，改善其交通功能，提高交通便捷度，引导城镇集约紧凑布局。

## 三、城际交通选择要考虑成本与收益

两个城市间的交通选择，前提是要符合市场的需求。第一，要根据距离选择适合的交通方式；第二，要考虑交通的成本和收益。像燕郊这种情况，我们希望能通过城际铁路或区域快线来加强与北京的交通连接。但是，北京周边像燕郊这样的地区并不多见，对于河北的其他城市而言，大多离北京市中心60公里以外，我们的交通配置，一定要考虑未来可能形成的经济收益，如果经济收益合理，它就可以修；如果经济收益不合理，可能会导致交通资源大量闲置，那可能就不会去修。

我们可以有两种方式解决这个问题：一是通过政府规划与建设，二是通过市场方式融资来解决。如果全部由政府规划建设，可能会延续财政负担过重、建设滞后、效率不高等问题。如果我们把投资交给市场的话，那么很快会有各种投资主体进来，不但降低政府财政负担，还会提高运作效率。随着整个京津冀一体化发展，沿北京边界的河北省的一些城市，得到北京和天津的经济反哺和产业结构调整的辐射带动，他们的发展会越来越快，会聚集一定的人口，我们更希望通过规划与市场互动的方式来解决交通配置等问题。

《国家新型城镇化规划（2014—2020年）》中明确，要更多发挥民资和外资的力量，通过市场化的方式来带动基础设施建设。在这种市场选择的情况下，怎么修建交通设施，我们更多要通过市场中的企业和资本投入来解决，而不是政府的主观想象。这里面可能有无限的机会，如果按照市场的方式投入，既能解决大流量人口上下班的方便问题，同时在投入过程中也会得到有效的回报。

通过交通基础设施和交通节点衔接的改善，也可以促进区域间、城市间相互衔接和要素流通，向周边释放一些优质资源，解决京津要素过于集中的问题，缓解特大城市的压力。

# 都市圈的发展要发挥市场配置资源的作用

2015 年 8 月 23 日，李铁出席"国家战略下的京津冀区域协同发展论坛"，并作主旨演讲。论坛由新京报传媒和《房地产世界》举办，中国城市和小城镇改革发展中心学术支持。

李铁从人口向特大城市集中的趋势和人口结构出发，结合鲜活的案例，阐述城市发展规律、城市功能和城市中低端服务业存在的合理性，分析了与人口结构相适应的交通资源配置，及其引起的服务业外溢对北京周边的影响。特别是从航空高速性能的特点，对空港城的规划理念提出质疑。以下根据李铁的演讲录音整理。

## 一、人口向大城市聚集的趋势仍然不可避免

京津冀是一个大的区域，从全世界发展规律来看，这个大区域的发展有一定的规律性和必然性。毕竟两个特大城市在这个区域里，它们的推动对区域的发展有着至关重要的影响，我们应该从国际经验和规律的视角来看。

从 20 世纪 80 年代以来，北京市制定了严格的人口规划和控制政策，但是，在这么多次的严格规划和控制下，人口仍然从 1000 多万发展到 2014 年末的 2151.6 万。我国有 13.6 亿的大规模人口，未来在这 13.6 亿人口基数下的城镇化绝不可能是一个分散的过程。从世界其他国家的城镇化发展规律来看，人口向特大城市聚集是必然的。

---

本文根据李铁在"国家战略下的京津冀区域协同发展论坛"的主旨演讲整理，2015 年 8 月 23 日。

我们的研究发现，在过去的十多年间，我国500万人口以上的特大城市，吸纳人口增长速度远远超过了其他规模的城市。我们要看到，中西部各省的人口向省会城市聚集的趋势非常明显。所以，我们不要想如何控制这个趋势，而是要研究如何顺势而为？研究人口向特大城市聚集的过程中会发生什么？有什么规律可以遵循？研究是不是聚集以后才可以形成对周边高强度的辐射？我们要分析香港对珠三角的辐射和上海对长三角的辐射，再来研究京津周边地区聚集之后会产生什么样的辐射。当然，前提是要完成城镇化发展进程中人口向特大城市集聚的过程。

## 二、城市不可能全部由精英人口组成

特大城市的人口结构应该是什么样的？一个特大城市的人口不会像我们期望的那样全部是高端人口，而会是各种不同层次的人口组合。北京市2151.6万人口中，有818.7万的外来人口；深圳1077.9万人口，其中有745.7万的外来人口，所以人口结构应该是我们未来政策的重要出发点，我们不能忽视这个人口结构，然后凭空臆想一个理想化的人口结构。

在人口结构中，高收入人口（即所谓的精英人口）只占小部分，而我们在制定政策的时候，应该考虑的是大量中低收入人口，甚至包括大量农村人口，比如河北省7383.8万的总人口中还有多于半数的农村人口。制定政策时，怎样兼顾人口在不同城市、不同区域的需求，应该是政策的出发点。

既然中低收入人口在人口构成中占绝大部分，那么在我们的政策导向中，就要解决他们未来的发展问题、就业问题、生活空间和环境问题，以及消费需求问题，而不能用理想化的方式，人为把区域发展指向高端化。很多地方的城市发展政策、资源配置政策忽视了对人口的分析，过于强调跨越发展，强调高端化而导致政策制定的失误。

## 三、多元的市场需求会引发不同的城市功能

在多元化人口结构下，应该发展什么产业，城市应该具备什么功能？

这也是值得我们去反思的。以疏解非首都功能为例，怎样实现功能疏解？如果我们能从实际出发考虑问题，那么可能会有更好的效果。但现在的做法是把一些所谓的低端批发市场等大量的小商铺从北京迁出去，而且已经采取了一系列的措施。我有一天从新街口到西单，特别是新街口到平安里的这段路上，在路两边较少看到高端商铺，全都是较低端的商铺，比如卖电子产品的，卖汽车配件的，甚至比天意批发市场、万通小商品市场卖得还便宜。如果在万通市场、天意市场里的各种小批发商铺要集中迁出去的话，街边这么多的小商品店铺要不要搬迁，它们未来的命运会怎么办？

怎么考虑这类最传统的、最低端的市场？我们要针对什么样的需求设计政策？我们查了一下，2014 年，北京市旅游总人数达到 2.61 亿人次，其中来自国内其他省市的有 1.56 亿人次，入境旅游者 427.5 万人次，平均每天从外地来京旅游的人口 44 万。我想，这部分外省市来北京旅游的人都不是富豪，大多数都是第一次到北京，很多还来自于穷乡僻壤，他们到北京要不要购物？要不要和他们的就业、和他们的经营结合起来？这会和北京的市场结构发生什么样的关系？和北京的产业功能发生什么样的关系？我们很多人没有考虑这些问题，也不想去考虑。

实际上到北京旅游的人，有一部分是要满足其经营性的需求，才要来北京买东西顺便也满足了旅游。正因为如此，北京的这些市场有基础、有价值；也正因为如此，从新街口到西单这么重要的路段还有很多传统低端商业存在。再者说，即便是北京本地人，也不一定都要去王府井、去各大购物中心买东西。我问过很多人，甚至相当一部分是白领，以他们的收入水平，他们也喜欢去天意或者万通小商品批发市场买东西。

在特大城市里生活的几千万人口，有不同的市场需求，会引发对城市功能的不同需求。这种功能在空间上如何分解，如何再塑造，如何再配置，是不是以迁出为非常重要的目标，这些都需要我们的决策者和政策制定者谨慎考虑。被迁出去的人口，很可能过一段时间又回来了，这些人口到北京来就业、经营，是因为北京是一个最好的空间，即便成本会很高，但他们的预期收益会更高。

## 四、交通配置应以市场需求为基础

在产业功能迁出迁入的过程中，我们要考虑资源的再配置，而资源再配置会受到交通方式的影响，那么，交通该如何配置，则需要我们对城市功能的重新理解。交通连接应以什么为基础呢？我前两天去深圳，考察深圳北部的发展。这里包括了一些新区，也包括了与东莞临界的城镇。当他们介绍当地的交通资源配置情况时，重点介绍了它的发展主要靠高速公路。我当时问了他们一个问题，城市生活中最方便的出行方式是高速公路驾车、乘高铁，还是坐公交车、坐地铁呢？请把自己当作一个直接的消费者来考虑。

我们在配置交通资源的时候，应该考虑到每个消费者直接的需求。我在跟当地的规划者和开发商交流时，告诫他们不要把自己当作一个规划者和顶层设计者，而要把自己当成老百姓设身处地的思考，你觉得你开车进城找停车位方便，还是花几块钱出门上地铁到市中心方便？恐怕大家都很清楚，地铁可以非常方便的通达，也是最便宜的一种交通方式，还不会产生污染。

我们的城市提供的交通选择上，有没有这些东西呢？有，但是远远不足，远远满足不了我们这么多人口，特别是中低收入人口的实际需求。不仅仅是城市内，包括整个大区域内，我们更多的提供了方便私家车出行的道路，但忽视了轨道交通，忽视了城市发展最便宜的成本。

我们以世界上各大城市中心城区和郊区的轨道交通来比较，北京是77公里，东京2000多公里，而伦敦和纽约都是3000多公里，我们的差距还很大。正因为差距大才导致了拥堵的问题，导致了区域发展过于向城市中心集中带来的问题。这一点，我想在京津冀一体化的发展过程中怎么来改善是特别重要的，恐怕需要我们针对人口结构，从他们的实际需求出发，从他们低成本出行的需求出发，提出多元化的选择方式，而不能单纯从精英阶层来考虑整个区域的资源配置。

在交通资源的配置中，还有一点，就是不能过度放大一个城市的交通功能，否则会浪费无数的资源。最近，我看到金融街附近多条路上加了很多栏杆，要分成快车道和慢车道，交通是好看了，但是人的出行却不方便了，大量资源被闲置了。本来可以充分利用道路空间，作为停车场的资源配置，但是为了满足所谓的交通快慢道分设，使得可能成为城市资源升值的空间被闲置了。而从另一方面看，我们在过多地强调交通资源配置的功能时，也过度放大了交通需求。路修得过宽，导致土地资源的严重浪费，大多还修了很多景观工程。北京尚且如此，就更不要说是廊坊，以及河北的其他中等城市了，很多中等城市在城市规划中的交通资源配置上都出现了大量的浪费，导致出门必须开车，而不能实现步行等低碳的方式。

## 五、北京对周边最大的影响是服务业的辐射

京津冀区域，特别是北京，对河北能做出哪些贡献呢？我们知道，中国的发展得益于工业化进程，而河北工业化进程的速度并不慢，并且在前十年中，其工业增长速度远远超出了其他省份，但在这个过程中，却和北京发生了非常大的利益冲突。因为两个区域的发展阶段不同，人们对生活质量的要求就不同，因此会形成一系列的矛盾，比如工业化产生的雾霾问题，直接影响到了北京人的生活，也影响到河北人的生活。

但这是整个区域城市化的一个过程。京津冀要协同发展，怎样才能处理好河北的工业和天津、北京的关系？怎样实现北京对周边地区的辐射？我们知道北京的城市化率86.4%，可是北京的服务业增加值占比是77.9%，北京基本没有太多的工业，所以北京对周边最大的辐射就是服务业的辐射。

服务业辐射直接涉及北京人消费需求的变化，在北京的空间范围内没有办法得到完全满足，因而部分需求要在周边的空间中实现。最典型的例子是河北崇礼。前几天北京联合张家口成功申办2022年冬奥会，崇礼是主会场之一。而崇礼过去是贫困县，近几年因为滑雪场的建设快速发展起来，于是才有条件申冬奥，这充分说明北京市的旅游带动了崇礼的发展。另外再举一个例子，在武清有一个佛罗伦萨小镇，这个小镇每到周六日，大量京津两地的人口来这里买东西，这个小镇在空间上的功

能比较突出，是一个满足京津消费需求的点，现在又进一步的开发，二期是奥特莱斯。大量北京人到那里不是发展工业，而是购物、置业。

考虑到北京和周边关系最紧密的是服务业，那周边的城市该怎样把自身服务业的架构和北京紧密联在一起，并在这个基础上配置交通资源呢？这恐怕无论是北京的规划、天津的规划、河北的规划还是京津冀区域的规划，都应该把联系北京的城市作为重点来考虑。

## 六、北京周边城市的房地产还有非常大的发展空间

讲到服务业，就不能回避一个问题：房地产。我最近见了很多河北的官员，谈到河北的发展，他们都避谈房地产，觉得房地产已经严重过剩了，所以一谈房地产就有点谈虎色变。一个是对全国形势的担忧，拿北京和全国其他的城市类比；二是从北京和河北竞争的角度，担心又影响到北京连通河北的基础设施的修建。可是我开始讲过了，人口向北京的聚集是一个长期的趋势，服务业是北京独特的、最大的优势。

大量外地人到北京来，他们住哪里，都住在北京的市区吗？到北京来的不都是精英，大部分是为精英服务的人群。市区三到五万块钱一平方米的房子，他们住不起，他们需要较低价格的住房，他们的住房需求要在更大空间范围内考虑，所以很多人到河北买房子了。特别是沿北京边界的这些城市，不要担心发展房地产会产生什么负面效应，因为在北京吸引人口集聚的大趋势下，房地产的发展还有相当大的市场，我们不能因为全国的房地产市场发生了变化就对这个区域的市场失去了信心，这个是大可不必的。

所以，谈到房地产，廊坊和张家口等北京周边的城市，还会有非常大的发展空间。我注意到北京和廊坊的关系，特别是廊坊这十来年，服务业占比从原来的30%增加到现在的41.6%，这意味着服务业的变化速度和北京向周边辐射的功能有直接的关系。

## 七、研究京津冀，更多要研究市场对资源的配置作用

河北崇礼就是一个典型的例子。我们知道，在当年环北京经济圈选

的 14 个试点城市中，没有崇礼，因为它离北京 220 多公里。当时北京设定的半小时、一小时经济圈，都没有崇礼，可是为什么这几年崇礼发展这么快？因为北京服务业的外溢并不像我们想象的那样整体性、均匀性的外溢。首先是北京不同阶层的人要到周边消费，郊区满足不了他们的消费需求，并且北京市民的消费已经升级了，比如旅游，从原来的休闲式到现在的参与式，从原来的观光式到现在的户外运动发展式，恰恰崇礼具备了这样的条件。

我们今年夏天在崇礼举办城市发展论坛的时候，崇礼县长讲"崇礼申奥是玩出来的"，这话是有道理的。当年一个企业家进去投资滑雪场，给北京的大量滑雪爱好者创造了"玩"的条件，接着第二个企业家进去了，把"玩"的档次提高了，建立了五星级的豪华宾馆。这些企业家自动选择了崇礼，为北京的消费者提供了运动、户外、休闲的空间。政府在这里应该做什么？要把交通做好。当时尚未投资的云顶酒店的老板问我，崇礼什么时候能修建通到北京的高速路？我告诉他第二年动工，他当时就决定在崇礼投资 15 亿建一座大的滑雪场和五星级豪华酒店。也就是从那时候起，张家口看到了市场带来的希望，看到了申奥的希望。

为什么现在崇礼房价上涨了呢？不是因为申奥成功，而是因为申办奥运会之后，交通资源配置会发生根本变化。不仅北京的城际快速轨道交通要修过去，而且还要再修一条高速公路过去，这将导致崇礼的交通区位发生根本变化，加上当地的自然地理和气候条件，都给北京人的休闲度假消费提供了非常好的空间，所以那边的地产升值了。

同理，廊坊等北京周边的这些城市，怎样按照市场规律，根据北京的消费特点来为北京提供更多的消费内容呢？政府应该做些什么？在未来的十年、二十年中，北京郊区轨道交通的长度能不能从现在的 77 公里延长到两三千公里甚至更长呢？这样的话，一定会带动周边城市的经济发展。

在市场的规律中，政府该做什么？不是说政府今天想打造哪个节点，这个节点就一定能发展，而是企业家和消费者会自动选择节点。例如武清搞了一个佛罗伦萨小镇，密云搞了一个古北水镇，把大量的游客吸引过去了，把旅游的空间带动起来了，人流增加了，房地产也带动起来了，所以这其中，市场特别重要。

## 八、很多空港城的规划是失败的

在京津冀区域的发展中，我特别注意到，很多人提出北京新机场的建设对周边地区会起到一定的带动作用，甚至提出了空港城的概念。这并不陌生，在全国很多地方都提出过空港城，但这个是我们的规划专家、各地政府领导在脑子里面想出来的，他们把世界上少数空港城的城市案例进行放大，套用到国内完全不同的地方形成规划。先有大城市，还是先有港？在港边会不会形成城市？这些需要我们对城市发展的历史进行研究。

假设你坐飞机，你是希望下了飞机以后在那停留，还是迅速地离开？我想每个人都希望离开。货物到港了以后也同样需要迅速离开，而且需要快速的交通。他们不会停留，这是空港非常重要的一个特点，短暂的停留并不能形成新城产生的要素，上海浦东曾经设计空港城，没有发展起来。上海虹桥机场周边的发展不是因为空港城，空港是在人口高度密集的地方随市场规律而发展起来的，并不是因为有了航空港以后周边就会形成城市的。

不只是空港城，还有所谓的高铁新城。很多城市把高铁站修到城外面，离主城区十几公里，然后在高铁站旁边建起新城，寄希望于坐高铁的人流来带动发展。全国各地的高铁新城，都不愿意高铁通过中心城区，其中一个原因就是觉得拆迁成本高且麻烦，但是在远离中心城区的地方建新城，恰恰把我们高铁需要给人带来快捷和方便的这项功能丧失了，空港城也是这个道理。

为什么过去城市建设的港口变成了交通枢纽？是因为过去交通的方式慢，货物从港口到各个集散地需要很长的时间，并且要在港口停留一段时间，于是便渐渐形成了城市。但现在不是了，现在追求的物流速度要快得多，更何况空港周边还有很大的噪音。

所以我们要研究城市发展的规律，研究交通的规律，在这个基础上，我们才能确定城市未来的合理发展思路。最重要的是不要拍脑袋做决策，要把决策更多的交给市场，政府要搞好服务，要把可能提供的公共服务、公共基础设施等资源的空间配置及早摆到案头，市场就会自动的选择。京津冀的发展是这个道理，环北京经济圈的发展也是这个道理，廊坊的发展还是这个道理。

# 都市圈发展有规律，
# 政府需做好交通和服务

"2015（夏季）崇礼·中国城市发展论坛"于7月31日~8月1日在张家口崇礼县举行。论坛由中国城市和小城镇改革发展中心、《财经》杂志、财经网主办，中国城镇化媒体人沙龙和密苑云顶乐园协办。论坛已成功举办七届，永久会址落在成功申办2022冬奥会的主会场之———张家口市崇礼县。8月1日，李铁出席"2015（夏季）崇礼·中国城市发展论坛"并作主旨演讲。以下根据李铁演讲整理。

"京津冀一体化"看起来是一个区域问题，实际上也是城市问题。之所以这么说，是因为整个大区域里的所有节点都在城市。因此，解决好区域内城市的发展问题，解决好城市和交通的关系问题，对未来京津冀一体化的发展前景会有至关重要的作用。因为京津冀协同发展规划已经出台了，所以我今天不谈"京津冀一体化"的大背景，而是讲几个希望大家都能了解的道理，试图说明一些问题。

## 一、都市圈发展有其基本规律

第一个道理，所谓生态的制约性问题和水的制约性问题，在"京津冀一体化"发展过程中其实不是非常严重的问题。为什么这么说呢？我们2012年做了一个调查，北京现在人口2151万人，但和20世纪80年代

---

本文根据李铁在"2015（夏季）崇礼·中国城市发展论坛"的主旨演讲整理，2015年8月1日。

比，现在全市的用水量和 20 世纪 80 年代的用水量是一样的，每年约 35 亿立方米。大家可能会觉得很奇怪，为什么人口增长了那么多人，用水量却和 30 多年前是一样的？我们研究发现，原因在于城市人口越多、城市密度越大，用水效率越高。

为什么过去用水极其粗放呢？主要是因为工业和农业的用水极其粗放，然而人口大幅度增加后，通过城市功能的完善和城市规模效应的作用，提升了水的利用效率。另一方面，河北的用水问题也很突出，河北地下水被开采到了近乎枯竭的地步。为什么河北的用水问题如此突出？因为河北有 7100 万人口，而城镇化率才 45%，还有超过半数的农业人口，而且仍然以工业化主导，用水极其粗放。

所以，要真正解决生态和资源环境问题，特别是水资源的问题，就要依靠城市化，实现人口的高度集聚来解决，而不应该以此为借口来控制人口。

第二个道理，关于功能疏解，我没听说过哪个国家、哪座城市的功能疏解能改变人口分布的格局。我们知道北京历史上是座"皇城"，城内住着高官、皇家贵族，可是挡不住城外大量贫民的存在。为什么？因为高端人口需要低端人口的服务，越高端的人口需要的服务越多。过去很多地主、财主，需要看家护院的，需要大工、长工；资本家、企业家皆是如此，都需要保姆、司机、家政服务人员等各类人群为其服务，这个规律从古至今一直没有发生变化。所以，试图通过功能疏解把低端功能剔除，只想保留高端人口的聚集，可能反而使未来人口更多。所以，功能疏解不能改变人口在这里聚集的格局。

第三个道理，建新城、新的中心只会使城市人口扩张，而不会减少中心城市人口。我们在全国调查发现，所有建新城的城市，从小城市到大城市、从县城到地级市，甚至到省会城市，没有一个城市，能做到因为新城的建设而减少中心城市的人口。为什么？因为建了新城后，会有一部分人到新城买房子，但老城的人不会迁过去，因为新城生活不及老城便利，人气较老城冷清多了。即使老城的一部分功能向外疏解，但是老城的福利化水平会因此提高，反而会吸引更多人口的集聚。

第四个道理，在一个 13.6 亿人口的大国，人口向特大城市集聚的规律是不可能改变的，只有集聚才有可能形成它的辐射效应和外溢效应。我们研究区域发展战略要和城市化发展战略结合在一起。我们不能凭空幻想的通过一个规划或一个设计能改变这种规律。因为经常有一些学者拿东京的全国土地整治规划说事，所以我到日本考察时，跟日本国土交通省的官员就东京的人口控制政策作了讨论。我问他们，"为什么你们制定了六次全国土地整治规划，但并没有解决人口向东京集聚的问题呢？"他说，那是由市场决定的，他们只是做了一个规划，但并没有改变人口向东京集聚的规律。

## 二、尊重市场规律，政府配置好交通和服务

昨天，张家口作为举办地之一，成功与北京联合申办 2022 年冬奥会，张家口的主会场在我们论坛所在的崇礼县。我们回头来看，环首都经济圈的 14 个城市，这些年发生了什么变化？可能他们都有一些变化，但是没有一座城市能像崇礼这样发生如此大的变化。

崇礼的成功和特大城市的集聚经济有什么关系呢？我们知道，崇礼完全尊重了市场规律，表现为企业家的进入是随机的，两三个企业家来到这里，建起了塞北雪场、万龙雪场、云顶雪场等，起到了很大的带动作用。恐怕没有万龙雪场，就没有崇礼的今天。可以说，企业家对城市未来的发展趋势有着决定性的作用。可是为什么企业家会选择这里呢？这和特大城市北京的需求有密切关系，虽然北京也有滑雪场，但都达不到崇礼滑雪场的水平，因而产生了服务业外溢的需求。

我们去过很多地方的滑雪场，虽然离城市很近，但省一级、市一级、县一级的政府层层剥皮，设置各种障碍，而张家口却对崇礼滑雪场给了非常重要的支持。但这并不是决定性的因素，真正决定云顶集团到崇礼来投资的原因在于交通区位的变化。交通位置发生变化，会改变地方的条件。当时云顶集团的老总林志华要来这里投资，首先考虑的是怎么解决从北京到崇礼的交通问题，直到获悉这里确定要建高速公路的时候，才决定来这里投资。因此，高速公路的修建改变了崇礼，吸引大量的北京消费人群进入到这里。

　　这说明什么呢？说明政府搞好服务、搞好交通，就解决了很大的问题，剩下的事情交给市场，市场会自动决定哪个点可以发展，哪个点可以带来未来的机遇。所以，政府不要凭空想象要规划一个地方，想象发展这个节点、那个中心、那个城市副中心等。北京郊区的轨道交通只有77公里，而东京郊区轨道交通有2100多公里，世界各大都市周边的近、远郊区的轨道交通都好几千公里。如果我们的轨道和各种交通配置齐全了，一定会有新的发展点逐渐孕育出来。我们也知道，申奥会使崇礼发生变化，这个变化的核心在于交通会给张家口带来什么样的机遇，而不是更多的投资。

　　如果能更好地配置交通设施，会带来更优越的区位条件。如果高铁能从北京修建到崇礼，再加上高速公路，那么崇礼、张北、沽源等周边县都会得到诸多发展机会。北京作为2100多万人口的特大城市，有强烈的服务业外溢需求，将会带动崇礼的发展，甚至还会带动其他城市的发展。

　　京津冀周边的交通设施建设不一定都是高速公路。我们知道东京轨道交通非常发达，周边并没有太多的高速公路，主要的交通工具是轻轨。东京1.1万平方公里范围内有3600多万人口，但郊区没有大量的堵车现象，就是因为交通设施配置更多地考虑了绝大部分普通人的出行需求。

　　另外，只有高密度的城市才能提高资源配置效率，才会形成对周边区域的辐射。如果河北的经济发展水平不提高，城镇化不发展，就业问题不解决，那么我们想实现整个区域的协同发展是很困难的。

　　所以，我希望大家在讨论京津冀协同发展的问题时，不要把眼光只盯在北京的房价，或者副中心的建设上，而要考虑未来怎么解决河北发展的问题，怎样把张家口申奥的历程、成长的经验介绍给大家，来证明市场在未来京津冀协同发展过程中会起到的决定性作用。

第二篇

# 产业选择与发展

# 全世界都在关注
# 中国城镇化中的商业机会

**权静**（凤凰财经主持人）：李主任，很荣幸在达沃斯现场把你请到了凤凰财经演播室，其实作为中国，尤其是中国城镇化方面的专家学者，而且有这种政策、决策层的背景，您在达沃斯应该会被全世界的关注中国改革、关注中国城镇化的国外的企业界和学界的嘉宾问到很多问题，我想知道他们问你最多、最好奇的问题是什么？

**李铁**：在达沃斯，涉及城镇化的，今天有两个闭门会议，明天还有闭门会议。这个闭门会议实际涉及参会的人大概是整个达沃斯论坛的，其中有全球都市指导委员会。这个都市指导委员会聚集了一批全球的企业家，包括五百强企业和大量的国际的专家，今年这个闭门会规格高是超出以往的，我没想到今天来了这么多全世界大市的市长，比如说伦敦市长、纽约市长、亚特兰大市长、西班牙的巴塞罗那市长、马德里市长、阿根廷的布宜诺斯艾利斯市长，等等，太多的市长了。

在大家在探讨全球城市发展的时候，当然最关心的就是中国的城市化问题，对中国城市化问题，我想可能很多市长，对于他们自己的公共内容来讲，他只是好奇，但是他也觉得，从媒体上来看，中国城市化存在的问题很多，因为这么多年我一直在跟国际的媒体、国际的企业家打交道，和一些城市市长打交道，他们最关注中国的城市发展，他们第一个概念是有七亿多人口，将来消耗多少资源。

**权静**：他们关心这个问题。

本文根据李铁在"2014 冬季达沃斯"接受凤凰财经主持人权静专访的实录，2014 年 1 月 24 日。

**李铁：** 消耗多少资源，会对世界带来什么，会对他们带来什么。他们认为全球是竞争的关系，而不是简单的合作关系，这种竞争的关系，就意味着占领市场，占领资源的分配，这种资源分配的格局被中国的城镇化打乱以后，意味着原有的资源份额大大减少，直接会影响他们自己的公共福利水平和国家的收入水平，所以这是他们关心的第一件事。

第二件事，是七亿多人的城镇化，两万个城市，大大小小的城市，在中国还有就叫小城镇，国外是城市，这两万多城市，是走什么样的发展路径，这两万城市企业，什么样企业？资源是消耗型的吗？是粗放型的吗？还是集约型的？他们最关注的是这些工业主导发展模式对碳排放产生的影响，而这种碳排放会造成温室效应，会对温室效应目前存在这种威胁是扩大了还是减少了。

这就涉及中国的发展不是一个国家的问题，一个城镇化也关系着全球化气候问题，这个他们也非常关心。

第三是在接触过程中，他们更关心的是很多企业家的利益，关心的是中国的市场，到底给他们多大机会，因为在我们每个闭门会议期间，包括在和各类国际的企业家，以及各类官员和各类学界打交道的时候，发现有很多公司都有在中国投资的背景。

他们很关注中国的两万个城市，他们有哪些投资机会，哪方面可以进行投资，会有什么样的回报，会有什么样的政策，所以这个我想是在达沃斯所有的国际嘉宾中，他们共同感兴趣的问题。

第四，是进行经验的借鉴和交流，我们今天在讨论的时候大家都提到，比如雾霾问题、交通问题、就业问题、住房问题，甚至管理体制问题，大家在谈到这些问题的时候，都问中国刚刚开了城镇化工作会议，也确定了中国城市化发展的方向目标，你们这些具体的城市怎么来解决这些现实的问题。

在我们小组，大家直接问的就是，你把你们的解决方法告诉我。从另一方面，作为全球都市指导委员会，他也希望我们把全世界各国的一些经验会告诉你，甚至希望帮助你们少走一些弯路，有些捷径可以更快地实现可持续发展目标，这个也是比较有意思的事情。

最有意思的是印度的一个董事长，他在谈到印度和中国的对比的时候，他说我们目前的问题是效率太低，由于我们的民主制度，我们在讨论任何一件城市发展项目的时候，很难能通过，大量的时间是争论和讨论中，所以几乎没有效率。他说我们也特别希望提高我们的效率，怎么样来提高效率，实际上就是对现有的制度提出一种质疑和批评，这也是很有意思的现象。

**权静：**其实我听完之后我特别想反问一个，印度他们担心的可能是他们决策过程过于民主，导致没有效率，中国会不会有一个另外相反的问题，如果我们的决策过程过于集中的话，又会带来这种论证不够科学的这种风险，其实说到这大家最近也在关注到，国内过去的这一年好像城镇化是特别火爆的一个词，但是最近一段时间好像这个热度下降了，您有没有这个感受，这个背后的原因是什么呢？

**李铁：**我觉得第一个，过去热度比较高是大家对城镇化认识有很大的区别。比如说企业家的理解，对地方政府官搞城镇化这种做法，一些学者持批判质疑的态度，并且中央政策始终迟迟没有出台，所以讨论的热度特别高。第二很多地方政府，听到城镇化这个名词，他为他们大搞一些城市建设，投资和一些审计工程，等等。

他们也充分利用这个名词，来给所谓大量的短期行为创造条件，"三年大变样"等这种做法在全国到处都是，所以这个理解这种偏差和已经形成这种建设的这种结果，确确实实带来很大的问题。

这些问题一旦进入了讨论阶层，肯定就会导致热度的升高，有批判的、有质疑的、有谩骂的，等等。

**权静：**还有渴望的。

**李铁：**希望是期待更多的项目，对地方更希望，包括企业家希望有更多的项目机会，但是当中央城镇化会议开完之后，中央态度非常明确，至少使地方政府明白了原来粗放型发展模式，见物不见人的发展模式恐怕应该校正了。

对项目渴望的心情，至少在一定程度上有所缓解。因为我们知道，城镇化也是个改革的问题，特别总书记强调的以人为本，对于这种批评质疑，知道了中央的声音之后，他也就不再去对这个事情来进行较真。

**权静：**是说放心了吗？觉得没有走错的方向。

**李铁**：至少对中央的政策目前来看是暂时不会提出什么东西来，因为原来以为中央城镇化和地方搞的是一样的，现在中央已经要走一条以人为本，可持续的城镇化发展道路。这件事情，我想从总书记讲话，从城镇化工作会的公报都给了明确的解答，也打消了很多人心目中的疑虑，这就是所谓的热度降低。

但是从另一方面看，城镇化是个百年大计，罗马不是一天建成的，我们也没有必要把它推的热度过高，因为一旦热度高了，在中国的后果就是"大跃进"时那种发展模式，无论是改革还是发展，一旦形成短期的"大跃进"，要出现这种热度，什么事情都是搞坏的，所以总书记也在讲，如果我们搞不好，会对子孙万代带来巨大的沉重负担。所以在这个关键时期，降低热度是非常必要的。

**权静**：我总结您刚才三个方面的观点，那些渴望着很多项目工程大拆大建，当时有担忧的，有质疑的人，现在某种程度上看到中央的态度，有点放心了，所以也没有那么多批评的声音了，中央的态度是说，把这个过程要拉得更长，不希望在短期内有什么过激的行为，或者是有过于反应激烈的一些效果出现。

综合来讲的话，您觉得从研究者的角度来看，现在我们的政府，我们的中央，对于城镇化这件事情的理解跟态度到底是什么样？

**李铁**：我觉得第一件事目标很明确，所谓明确目标叫新型城镇化，重质量不重数量，重集约不重粗放扩张，这两条实际上是核心问题。

这个目标一旦确定以后，现在还能做的是先告诉你们不能做什么，有些违背经济发展规律的，违背城市发展规律的大量的政绩的短期行为、形象工程，那种赶超的心理、急功近利的心理和行为要一定受到遏制，我觉得这是非常非常明确的信号，就是告诉你什么不能干。至于什么能干，这件事情需要检验，需要实践，需要试点，因为我们知道城镇化是经过30年的积累，他取得了巨大成就的同时，也把很多别的国家几百年城镇化矛盾都积累在30年，集中爆发。

这个集中爆发，所带来体制的问题、利益格局的问题不是一个政策就能一蹴而就解决的。有些利益格局，不仅仅涉及政府官员，涉及企业家，还有涉及更广大的城乡居民的利益，在这个过程中，如果通过短期的那种政策的释放，一定会带来更多的负面效果，比如说户籍制度，已经积累了五十多年——59 年，五十多年的历史形成了户籍制度的利益格局。

一个政策，三五年之内解决是不可能的，在这五十多年历史中，又经过三十年的改革开放和经济建设发展，有很多转变成福利，是把这种利益格局固化了，一旦固化以后，想去突然之间打破，并不是说像打破某一个少数阶层，而且大部分的城市居民认为是在原来的这种城市福利的蛋糕，要切到一大块去分给别人，这种心理的抵触情绪，会转化社会的一种情绪。所以应该尽量避免这种矛盾发生。

第二个土地制度。土地制度是一个问题，更复杂，涉及城乡土地同权，农村的土地可不可以流转，但反过来，这么多年，我们一直都低价征用土地，也是中国形成世界工厂一个低成本的一个重要特征，也是我们城市这 30 年基础设施建设的一个非常重要资金来源。

一旦把土地这个根给断掉了，同样也会影响到原有的这种投资渠道，没有新的渠道的替代，也会发生断裂，断裂的结果就会造成城镇居民的利益会受到损害。

同时我们也知道存在着大量的遗留问题。过去低价征地的时候，那种遗留问题在未来土地制度变化之后怎么解决，农村的基本经营制度怎么来看，城乡居民利益交换，包括进行了变更以后，有什么样的方式去约束新的行为，恐怕不是一个政策就可以解决的。

**权静：**您刚才用了很多问句，其实我听您的论述，能听出两个核心关键的因素，城镇化方面最重要的，包括之前跟您的专访当中你也说到，其实是人的城镇化，是改变农民进城的一个身份转换的问题，所以这个最为核心的两个因素一个是土地，一个是户籍，您刚才也逐渐分析了，但在分析的过程中更多是以问句的形式抛出了很多问题。

我想某种程度上听一些您的回答，比如说我们的十八届三中全会的决议出来之后，中央很多改革的措施逐渐有一些细则出台之后，您觉得这两个问题现在的破局，或者这种改革的进展到了一个什么样的程度？

**李铁：**我刚才已经讲过了，就是第一，我们明确地讲，无论这个土地问题、行政管理体制问题，包括人的问题、融资的问题、债务的问题等，都不是一个政策可以解决的，就是不要期望改革在一夜之间使中国发生变化，如果想到一夜之间发生变化的，它会带来更大的负面影响、负面作用。所以在这个时候提出任何一个问题的时候要想，得尊重大家的认同，就是因为改革政策大家不支持，那政策发了也没用，那么这种认同需要实践经验的总结。比如户籍制度改革到底怎么改，也有人说一次放开就完了，但是放开以后带来很多负面后果谁来承担呢？又不能再往回收。所以我们讲整个改革要积极稳妥有序的进行，也是针对国情的条件下，适时做出一个非常明确的、明智的选择。

那么另一方面呢，要放长身段，不能说一下子都改，要知道30年的高速城镇化的结果是矛盾和成果集中的累积，但是罗马不是一天建成的，无论改革，还是发展，是长期过程，要逐步把能量释放出来，才能达到稳定发展和改革的一个综合效果。

无论是土地制度改革，或者行政管理体制改革等这些改革，第一方面要有个明确的总体目标，这个目标就是使原来的政府资源主导力量转变为市场作为配置资源的主导力量，那么市场作为配置资源的主导力量，那就要解决政府体制上存在的问题，那么在体制上存在的问题还有一些和广大社会居民，更多的利益主体相关的事情，恐怕要经过试点推进，稳步的检验政策效果，根据具体情况再找到具体的解决办法，因为中国现在还有个情况和其他地方不一样。我们的政策可能是从中央颁布的，但是全国的情况是不一样的，东部有东部问题，西部有西部问题，发展快有发展快的问题，慢有慢的问题，还有地理条件的差异，民族文化，等等。在进行改革的过程中，就要因地制宜、分类指导，然后允许地方在一些改革的关键问题上进行试点探索，稳步推进。这是一个长期过程。如果认定了中国的改革发展城市化进程是个长期过程，千万不要抱有期待说一次性的就解决问题。当然我现在感觉到了，大家看到中央政策出台了，为什么不能马上呢？就大张旗鼓，轰轰烈烈搞一场改革大运动呢？

不能这么做，这么做的话出发点是好的，但带来的后果是严重的，所以在中国无论是对于城镇化的改革，还是其他方面改革，一定要注意一个长期过程，分批解决的过程。

**权静：**您这个论述让我特别想到一个成语叫治大国如烹小鲜，其实大家表面上会觉得治大国如烹小鲜显得这个事很容易，但是我的理解是因为小鲜很容易烂，就是你不能使劲地去大火，或者翻它，你必须要有耐心一点一点地炖，如果不是很有耐心的，一点一点去做的话，可能小鲜就会被破坏掉，被弄烂了，就没有办法再吃了。

**李铁：** 现在的治大国如烹小鲜和历史上不一样，历史上我们知道有很多朝代叫休养生息政策，只要政府不给老百姓添麻烦，这个社会自然而然会稳步向前推进。当政府提出更多复杂的要求，提出各种苛捐杂税，那老百姓就要造反。现在的中国也不像过去农业国，面临的问题特别复杂，有国际问题，有国内问题，有区域问题，有城镇化的改革问题，还有一系列其他改革问题。那么这种矛盾，几十年的矛盾积累到一起，就不是一个烹小鲜的问题，需要考虑到更多复杂的因素，如何来制定相应的政策。有些政策可能是中央制定的，有些可能是地方制定，但是前提是要明确导向，明确目标。然后还有一个问题，还要让大家知道整个的操作过程和操作办法。比如我们制定一个改革政策，我也不知道操作过程和操作办法。我们现在也知道很多传统的方式，那么就可能把那种好的做法变了味去实施，结果会造成相同的效果。比如说城镇化，大家支持农民进城，但很多地方强迫农民进城，制定了强迫的、行政的，多少年完成行政化指标，最后强迫农民上楼，大量农民被上楼、被集中、被搬迁，那么严重地损伤农民利益，这也是中央必须要看到的。

**权静：** 我听您的论述，让我想到我采访另外一些自由派的经济学家的时候，他的观点会跟你的很不一样，就他会觉得，那你就交给市场，其实市场是最好的解决方案，我觉得您还是要会更多的考虑政府要逐步的去实施，考虑这个政策的可行性跟操作过程当中有可能出现的一些风险，这个是你跟他们最核心的矛盾所在吗？

**李铁：** 这个矛盾在于你对于中国的国情是否了解，很多人说中国没国情，走市场就完了，那为什么印度现在发展不起来？另一方面，解铃还得系铃人，这些政策是政府制定的，1959 年使用的户籍管理制度和 1956 年的合作化到今天，我们现在在家庭联产承包责任制，包括我们现在行政管理体制都是政府制定的，怎么交给市场？

**权静：** 就是政府放开。

**李铁**：放开的话，还会有新的问题，就是说过去的利益结构不像现在的利益这么复杂，每一项政策不是一个凭空政策，都牵涉到一大部分人的利益，不是市场能解决一切的。比如说法国，他搞社会保障体制改革，福利过高，他想把这个套解开，但居民上街游行，他们有表达权利。那如果按照我们今天自由发展经济学家来讲，法国就别搞了，就交给市场，那不行，政府就要下台了。不仅是法国，在世界上其他很多国家都是如此，包括日本，包括美国。

**权静**：您可以说说印度，比如说您刚才也说到在城镇化这个问题上你举到印度学者的例子，你觉得他们认为自己的政府效率呢？

**李铁**：因为主要是地方政府权力很小，调动不了资源，等于政府做不了什么，做不了什么就是缓慢的发展模式，所以印度整个城镇化的发展速度、经济的发展速度落后中国很多很多，原因就在于印度的政府没有办法去调动资源和力量。印度已经完成市场化了，按理讲市场化可以很好，但是在经济增长过程中，我们不能把市场化作为完全决定的因素。中国这三十年为什么能迅速地崛起，成为世界第二大经济体？按理讲，中国背负的包袱比任何国家都重，最大的是人口包袱。那么为什么中国能发展那么快？中国有中国的优势，可以通过低成本的方式，通过集中的调动资源，通过集中的迅速的决策，带来经济的高速增长。当然到30年后今天，我们遇到新的问题就是，高速增长、高速决策还会带来很多弊病，那么这个弊病就需要有质的因素，就需要我们重新来认识。在高度计划经济体制下，或高度集权的体制下，分配之下，我们怎么样更多的来发挥市场的作用，当然这个发挥市场作用是通过政府的手怎么来引导市场力量进一步去发挥，还不至于导致我们经济速度这么放缓，还不至于破坏整个社会的稳定格局。

**权静**：有一个反面的例子就是说，有一位经济学家也曾经论述过，他说中国城镇化的比例达到目前的50%，之前这30年的过程其实没有政府的引导，也没有政府看得见的手去参与、去推动，但是随着经济的发展，自然而然的就达到了这个程度。所以不认为说城镇化是需要政府在里面做些什么事情。

**李铁**：我听过，他认为整个是市场作用。但是他可能不了解，土地谁给的，你到其他国家，一个工业企业，去跟农民去谈判用地，你问他能谈判下来么？谈判的成本特别高，中国是政府调动资源，反正两种公有制，政府可以把农地征为国有用地才能进行开发，这个效率是极高的，尽管损伤了一部分农民的利益，任何一个国家的发展都会牺牲一部分作为代价，但是恰恰由于这种低成本，就导致了我们企业高度的积累，企业家的积累过程是通过低成本来实现的。很多人不了解这个过程。

**权静**：但这不是实现的财富向少数人的聚集吗？它其实造成了社会的不公平。

**李铁**：没有一个国家的发展是均衡的，也没有一个国家发展是完全理想化的。在发展到一定程度的时候会出现很多问题，再根据这些问题再去逐步寻找一种解决问题的方式，从而实现其增长的目标。我们现在很多人在批评政府的时候很容易，当然他不知道在批评的同时，政府也在逐步地去解决问题。我们看到一个好政府还是坏政府，当你看到这个政府在解决问题的时候，你就相信他是个好政府。如果这个政府不解决问题，不去试图进行改革，任其自由发展，任其社会收入两极化这种现象继续蔓延，那我认为它是个坏政府。但是到今天你看，这些问题，社会上反映强烈的纪律问题，政府都在逐步去解决，都在考虑怎么去解决、用什么方式去解决。当然解决也不像我们想象的那么容易，也要涉及利益结构的调整，所以这些恐怕都是我们每个人要面对的。

**权静**：那最后还有一个问题，在刚才的论述当中您谈到说，我们回到达沃斯现场，世界各国很多的经济学家、企业家，他们也在讨论说，中国的城镇化会带来哪些社会机会，那您对这个思考是什么？无论是对国内的企业来说，还是对国外的企业来说，这里面还有哪些机会，怎么样去把握？

**李铁**：所谓机会，我想我国现有7亿多城镇人口，我们有两亿多的农民，还有7000多万的城市间流动人口，未来可能要解决基本公共服务问题，那么基本公共服务会带来什么东西？几亿人进来他要解决社会医疗问题、教育问题，要解决居住条件的改善，包括基础设施投入。这个要分布在不同的城市，而城市交通设施的改变、联系方式的改变，在这个过程还要进行转型，来更多地利用现代技术、信息产业，互联网的发达也会带来很多的商机。城市还要实行可持续发展，要解决污染问题、垃圾处理问题、雾霾问题、清洁能源和清洁材料问题，有些技术我们可以做得到，但是有些我们没有，还得引进西方国家先进的经验和技术，比如管理经验、治理经验等，这都是机会。因为这种需求，7 亿人需求，比如今天下午我见了大众汽车公司和奥迪汽车公司总裁，谈到中国市场机会的时候，他们非常关注城镇化给他们带来什么。很简单，7 亿人是欧盟人口总和还增加 2 个亿，在欧盟内部哪有那么大的汽车消费市场，而且他们现在是解决汽车更新的问题，我们是汽车的占有率还很低，要解决有没有的问题，这么大的市场难道不是机会？

**权静：**所以其实总结一下，我在无论是达沃斯还是很多场合在跟很多嘉宾、各行各业谈到中国经济的宏观前景的时候，他们的这种乐观态度最强有力的一条支持说是中国还有长达 15 年的一个城镇化的历程，这里面的机会还足以概括中国经济在持续的一段高速的增长，您是不是也捍卫这个观点，同意他呢？

**李铁：**但是第一前提得改革，得反腐败，就是不要在这 15 年之中无所作为，导致这种社会矛盾在加剧。第二，要怎么样利用好中国的低成本优势，把一些制度带来的高成本，带来的资源的浪费，通过制度的改革更加节约、更加高效。那另一方面，怎么样来通过社会收入分配的改革来调动中低收入人口发展的积极性和消费的积极性？通过城镇化的改革来解决空间上资源分配的问题，解决农民进城会带来的，他们整个消费倾向的改变，也会解决农村发展中由于人均占有资源过多，现代要素投入不进去，造成农村发展长期滞缓的原因。所以整个城镇化所带来这种利好，我相信一定要通过改革才能推进，而不能无所作为。所以 15 年、20 年，我们是这种判断，只要我们不做错，我们能有 20 年的时间，如果我们不做，很难说发生什么。

**权静：**谢谢李主任，谢谢。

# 城镇化背景下的
# 农村、农业与农民问题

2015 年 3 月 27 日，李铁出席"博鳌亚洲论坛 2015 年年会"，与北京大学校务委员会副主任、汇丰商学院院长海闻，中国科协副主席、书记处书记、原广西壮族自治区副主席陈章良，嘉吉公司董事会副主席 Paul Conway，亚洲开发银行副行长 Stephen P. Groff，原国家经济体制改革委员会副主任邵秉仁，三井物产株式会社会长、日本贸易会会长枪田松莹，对话"城镇化背景下的农村、农业与农民"。以下根据李铁发言稿整理。

## 一、关于 18 亿亩耕地的问题

我们不能盲目扩大对国外粮食进口的依赖。要提高主要农产品和大宗农产品的自给率，这是一个安全线。

第一，在局部地区发生严重灾害的时候，这种供给不是说马上就可以得到解决的。

第二，国际市场并不像很多人想象的那么稳定。不稳定的状态有政治原因，也曾经发生过把粮食作为武器，作为国际关系非常重要的限定因素，这在近三十年内发生过两次。

另外，到国外去占有耕地的时候，并不像我们想象的那么容易。前年澳大利亚前总理陆克文找我，问我为什么中国商人到澳大利亚购买土地，是不是中国有什么战略意图？他说，澳大利亚很多人对此有担心。大量的中国人到国外去经营土地，到了一定程度的时候就会引起很大的

---

本文根据李铁出席"博鳌亚洲论坛 2015 年年会"相关发言整理，2015 年 3 月 27 日。

政治效应。所以国外的土地并不是想象的随时可以拿到的。

世界粮食的国际交易量就 3 亿吨，而去年中国的进口量就占世界粮食交易总量的 1/3，如果中国进口多了，其他国家就会减少，进而会引起粮价的上涨。我们不能盲目去扩大对国际粮食的依赖，这是一个国家战略上必须要考虑的。

第三，解决 18 亿亩耕地的问题有很多调节方式。一是当年在制定这个政策的时候，最大的用地占用是 4 亿亩退耕还林，这在空间上是不是可以调整呢？二是农村集体建设用地空间特别大，如果我们推进农村集体建设用地各项改革，提高农村建设用地资源的配置效率的时候，也会解决这个问题，所以不是一条线就堵死的。但是宏观政策保证我们粮食的基本生产线，我们现在在国外已经占了将近 8 亿亩的耕地。现在想想我们还得有自己的保障能力，可能在各个方面都会更稳妥一些。我们现在很多人盯死粮食问题一定是占耕地、盖房子的问题，其实不是，城市建设并不完全受这个制约。

## 二、关于农业的就业问题

我们想象大量的粮食交换了，那农民干什么？大量的农民过剩。很多人说中国出现了人口红利，这真是个伪问题。我们知道资本、技术替代劳动力的现象在中国已经发生了，是一个长期趋势。如果工业和未来的服务业不能吸收更多农村人口转移的话，农民在农村干什么？如果我们去进行大量的交换，从外面进口大米、小麦，那么依赖农业为生的农民靠什么生存？它对农业就业的冲击，影响是巨大的。日本的粮食政策，重要的是保护留在农业上的农业就业者的就业和收益，不是出于保护耕地而出发的。所以我们要了解整个农村发展的形势。

第一，农业劳动力供给不足是一个结构性的问题，不是全局的问题。现在全国农业户籍人口是 8 亿多，按照户籍人口算的话，人均农业是两亩多地，相当于韩国的 1/2.5，我们想实现适度规模经营是不可能的。这个劳动力不释放出来，我想中国农村问题没有办法解决。如果按农村常住人口 6 亿多算的话，农村人均占耕地 3 亩多，户均不到 10 亩地，可以不可以实现规模经营呢？我觉得也很难。按照这种算法，意味着农村还有大量劳动力过剩，就是没有释放出来。虽然我们看到广东一些地方劳动力在减少，那是因为劳动力成本在增加，而且他们工业结构在发生转化，我们注意到最近报纸上刊登说广东、浙江都在推广机器换人，这是一个趋势，资本和技术替代劳动是一个长期趋势。而农业由于人均占有耕地过少，农业劳动力没有完全释放出来，还存在大量剩余。我们算了一下，如果按照韩国的标准，农业至少还可以释放出两亿劳动力。

第二，农民工还有大量劳动时间闲置。现在在城市打工就业的农民工平均年龄是16岁到45岁，45岁后一定要回乡从事农业，那么有15年的时间不能从事工业就业，每个人都要闲置15年的就业时间。而在国外，一个工人的最佳黄金就业期应该是在50岁左右，因为既有经验，又有技术，又成熟，而我们被闲置掉了。从劳动时间上还是存在着大量的闲置。

所以我们要在这个前提下去考虑农村、农业的经营方式。在黑龙江可以看到大农场，机械化比美国、加拿大水平都高，设备都是最先进的，可是在河南、四川、山东等省份，我们很难实现这种模式。推进适度规模经营，到底是农场制，还是家庭制？可能会有多种选择。但是有一点，在推进家庭适度规模经营的时候，必须进行改革，这是推进城镇化改革的大前提，就是减少农民才能富裕农民。推进这项改革好处是，可以延长一些老年人在家里的就业时间，适应大龄人口农业就业的小型农机还有非常广泛的应用前途，会带来一些小型农业机械化的改进，这种情况在日本曾经发生过。推进户改到底能不能实行，土地的流转能不能实行，这对农村来讲是一个特别大的考验。

## 三、关于农村的土地制度改革问题

土地制度要从两方面看。我们最近刚刚起草了一个城镇化的研究报告，分析中国整个经济增长的原因，国际上有比较大的区别。第一，土地的低成本。特殊的制度条件下，中国低成本的不光是劳动力成本，还有土地成本。如果没有这个过程的话，超高速增长、两亿多农民转移出来，几乎没有办法实现。大量的世界工厂的形成带动了更多的就业。第二是城市基础设施建设，也取得了明显的进展。这三十年通过土地制度得到了发展的机会，同时也带来了非常严重的弊病。弊病就导致城市债务突出，城市房地产结构性过剩，整个征地拆迁的社会成本越来越高，而且现在招商引资成本越来越大，所以导致现在发展的低成本时代在逐渐丧失。这就涉及我们对土地制度从农村和城市两个角度如何来进行反思。

关于宅基地的流转问题。有关农地的流转，中央政策规定得非常明确了，使用权的各种转让都已经给认可了。而宅基地的流转没有明确。首先，宅基地的流转涉及它到底是一个财产，还是一个保障性的福利分配，这到目前为止没有界定。如果是财产，你要不要交税呢？农地可以不交税，但是宅基地要不要交税呢？那就涉及税制体系的改革。第二，宅基地如果完全流转了，历史的遗留问题怎么解决？宅基地流转的用途的导向、税制的完善、在开发过程中收益的分配，以及现有的遗留问题如何解决。

我们不能仅仅从一个方面去考量，就是制定政策和在底下去想是两个概念。比如小产权房问题。小产权房不是像我们想象的只是成片开发的房子是小产权房，所有在宅基地上盖的房子都是小产权房。北京通州有个案例，这个案例最大的特点是画家在那儿买的房子，在非法情况下买的房子，这个交易是非法交易。但是住了很多年，原房主起诉，说你这个价格我不认同了，这个房子要收回来，这不是涉及一个画家，几千个画家都要把房子还回去，但它已经增值了。最后法院判决是有意思的结果，农民胜诉，但是得赔偿画家在土地上、房子上的投入，农民赔不起，最后私下协商进一步解决。不讲成片的小产权房，在这类私宅上建立的小产权房，很多经过多次流转之后，这个法律问题、遗留问题怎么处理？此外，大量的小产权房没有规划、没有税收，怎么来进一步去完善、补交税，怎么通过规划来解决。在这个问题上肯定要有所突破的，当然有很多政策上和思想上的局限，就是对农民有一些担心。担心他把地变成"种房子"，但是我们知道农村集体土地改革既涉及城乡同权，同时又涉及未来怎么样在宏观的规划管理和税收政策上的管理，以及财产的交易等方面进行通盘的考虑。但问题是这步走不出去。十八届三中全会已经给予了非常明确的路径，那么怎么样通过试点进行操作，怎么样把第一步走出去，恐怕未来这几年是非常重要的时期，我们期待着这方面进行突破。

# 释放城镇化的巨大潜力，
# 推动国民经济持续增长

**主持人**：城镇化率在 30% ~ 70% 之间是城镇化加速发展期，我国 2009 年城镇化率为 46.6%，距离 70% 还有一定的差距，这是否意味着城镇化的快速发展还要持续很长一段时间？您认为发展城镇化，推动经济增长的长效机制是什么？

**李铁**：从改革开放的 30 年看，城镇化对中国经济增长的贡献还是十分显著的。根据多项研究综合来看，在中国年均约 10% 的增长率中，城镇化的贡献率是 3 个百分点。但是也应看到，由于制度上的限制，城镇化对保增长和扩内需的潜力还有待释放和挖掘。如果这些潜能完全释放，则城镇化对中国经济增长的贡献还将增加至少 1 ~ 2 个百分点。这不但将对中国经济长期增长保八的基本目标提供有力的支持，也会对当前扩大内需有着十分重要的影响。

首先，我国城镇化并不是典型的真正意义的城镇化。我国的城镇化是以劳动力流动为主要特征，区别于其他国家的城镇化进程。我国统计的城镇人口中，还有相当部分是农业人口。全国城镇人口由 4.6 亿增加到 6.2 亿，净增加 1.6 亿人。城镇城区面积由 2000 年的 2.24 万平方公里，增加到 2008 年的 3.63 万平方公里，8 年时间增加了 62%。但是，非农业人口 6.2 亿，只占 46.6%。还有将近 2 亿被统计为城镇人口的农业人口，他们并没有真正实现城镇化。

其次，我国城镇化的潜力尚未完全释放。我国的城镇化进程是一个长期的结构调整过程，为经济增长提供了稳定的驱动力。问题的关键是，我国城镇化的潜力尚未完全释放，发展空间没有得到充分挖掘。

从城镇基础设施投资看，长期以来，我国城市基础设施建设投资不足。2009 年，城市基础设施投资近 1 万亿元，按联合国的高标准计算，则当年需要增加投资 6152 亿 ~ 14177 亿元，并带来 15000 亿 ~ 34000 亿元 GDP 的增长，可以达到 2.4 倍的乘数效应。我国的基础设施投资水平与一些发达国家相比还是偏低的。

从农民工的消费需求来看，根据国家统计局数据推算，2009 年，农民工年工资 12000 元，与城镇职工年收入 17000 元相比，还是有明显差距的。但是，如果逐步使农民工在城镇定居，消费的恩格尔系数能从 50.8% 降到 43% 左右（当年城镇和农村分别为 36% 和 43%），那么农民工家庭的人均消费就可能增加到 6500 元左右，相当于城镇水平的 75%。这是一个最低水平的判断，还没有考虑到定居后如果可以与城镇居民同样获得各种消费贷款，对房地产和大宗消费品以及其他工业制成品的消费需求带来什么样的刺激。

总而言之，按照 2020 年比 2000 年翻两番的目标（按 2000 年不变价格计算），20 年间我国 GDP 总量 402 万亿元，年均 20.1 万亿元。从投资看，满足城镇化需求，每年的城镇基础设施建设投资至少为 1 万亿元，城镇住房建设投资至少为 1 万亿元（联合国建议占 GDP 的 5%）。两项相加，城镇化的投资带动效应为 2 万亿元，产生的 GDP 至少在 4.8 万亿元，相当于年均 GDP 的 24%。从消费看，城镇化率每增加 1 个百分点，产生的直接消费将拉动 GDP 增长 1.5 个百分点。因此，围绕城镇化相关项目进行投资，不仅对当前的扩内需和保增长的方针有积极的推动作用，也对不断扩大城镇的人口和产业容纳规模有着重要的战略意义，也为下一轮的增长提供了扩大消费需求的有力支撑。

# 城市发展的产业选择和融资创新

　　"2013（冬季）崇礼中国城市发展国际论坛——产业发展与融资创新"12月7日在崇礼云顶大酒店举行。李铁发表了主旨演讲。李铁表示，城镇化发展过程中，产业并不是越多越好。想引进什么样的产业需要政府认真的考虑，引进的产业不是政府拍脑袋越多越好，也不是说私人企业投资就一定鼓励。能给什么，不能给什么，要做出合理的选择，要考虑到基础供给能力和给本地带来的贡献。

　　李铁介绍说，现在地方政府面临最大的问题，就是融资的问题，中央政府也特别想破解这个难题。第一是缺钱，第二是对土地财政的过度依赖。城市融资需要担保，目前的担保只有土地投入。现在土地这条线一断，所有的地方政府都要破产。我们在研究融资创新过程当中，不仅想解决钱怎么来，还要解决钱怎么还。很多地方政府已经开始把政府办公大楼和一些国有企业拿出来做担保，这是非常好的尝试。以下为演讲实录。

　　在研究城镇化的时候离不开一个基础就是城市的发展，为什么选择了产业发展和融资创新这个主题呢？实际上这是所有的城市都在关心的问题，因为大家对这个理解不同，导致城市发展中出现了一系列的问题。第一方面，产业发展问题。现在全国各地为了GDP，竞相招商引资，加大力气竞争，在竞争过程中会带来很多问题。如何发展产业，对于地方政府是难以回避的事情。就说崇礼，为什么今天可以申办奥运，因为他

　　本文是财经网记者根据李铁在"2013（冬季）崇礼中国城市发展国际论坛——产业发展与融资创新"的发言整理而成，2013年12月7日。

在 2007 年的时候做了一个重要的选择，当时面临是在山上搞风电还是搞旅游。我记得当时风电的合约在前，旅游的事情在后，后来选择了旅游，把风电放弃了，这个是很痛苦的过程，但是带来的就是申办奥运。选择旅游的特别重要的条件是和北京之间的关系。北京 2000 多万人口，但对周边没有工业辐射，30 年多年来北京郊区的乡镇企业都没有发展起来，就是大的行政中心，是首都，有特别强大的消费能力。正是这种消费能力，同时包括行政影响力和对环境发展的特殊要求，决定着和北京只要发生产业联系的，更多体现在消费上。

再说鄂尔多斯。我们在分析鄂尔多斯城市发展的时候，很多媒体、学者往往没有对这个城市的个性进行分析，只说城市出现了严重的泡沫。鄂尔多斯有 1600 多亿吨煤炭储量和 8000 多亿立方米的天然气储量，转化为能源的话，能给财政提供源源不断的支持，这种产业选择对城市的支撑有先天的条件，这个地方怎么能泡沫呢？鄂尔多斯的问题在哪里？他也在招商引资，他认为煤不是产业，一定要引进大量的工业，包括奇瑞汽车等很多的工业。这意味着引进更多的人口，意味着要提供更多的公共服务，财政要补贴。在考虑产业支撑的情况下，应该发展服务业，通过城市架构的塑造发展服务业。要因地制宜，考虑到自己的发展情况，考虑到财政的供给能力，不是简单的人多就好。

产业是不是越多越好。比如说崇礼的雪场，现在有了几家雪场，如果还要引进大量的雪场，就形成恶性竞争，最后造成基础设施资源浪费，投资者信心下降，未来就会出现财政危机。因此，这里想引进什么样的产业需要我们认真的考虑，引进的产业也不是政府拍脑子越多越好，也不是说私人企业投资就一定鼓励。能给什么，不能给什么，要做出合理的选择，要考虑到基础供给能力和给本地带来的贡献。第二方面，融资创新的问题。现在地方政府面临最大的问题，就是融资的问题，中央政府也特别想破解这个难题。第一是缺钱，第二是对土地财政的过度依赖。缺钱可以想出各种各样的融资形式，但无论债务、债券、银行等，总得要还。现在普遍的现象就是拿未来的土地出让来解决眼前的问题，造成城市空间不断扩大，需要通过房地产开发来补，补到最后会有各方面问题，土地一旦扩张了以后，整个城市的发展模式就会发生变化。我们在研究融资创新过程当中，不仅想解决钱怎么来，还要解决钱怎么还。想要企业进入城市的基础设施领域，进入地铁投资、公路投资，包括城市基础设施运营和管理，可是在现在体制下，进来只是一方面，更重要的是进来了能不能解决生存问题。

北京地铁每年补贴 100 多个亿，北京市政府已经没法承受了，到2015 年补贴就上升到 200 亿，200 亿对一个地方财政来说是一个巨大的压力。过去为了保稳定、增加福利，政府通过补贴的方式导致了基础设施的低价格，包括像地铁，北京是最便宜的，作为华北地区极其稀缺的水资源，价格相当于欧洲的六分之一。如此稀缺的资源，价格失真，通过政府补贴来实现。这是整个融资创新面临的第一个难题，就是过去的价格体系要不要动。改革不是所有的利益都能保证的，否则改革根本进行不下去，价格改革就是如此，必须动这个价格体制，才可能有外资进来，获得经营的利润。城市融资需要担保，目前的担保只有土地投入。现在土地这条线一断，所有的地方政府都要破产，还有税改，整个因素决定着我们未来融资能不能得到一个比较好的担保，能不能得到比较好的盈利和提高我们的融资效率。很多地方政府已经开始把政府办公大楼和一些国有企业拿出来做担保，这是非常好的尝试。带来的信号非常明显，就是要敢于承担风险，一旦进入担保的范畴，政府的政绩工程还能乱决策吗？考虑融资平台形式多样化，为外资进入创造更多条件的同时，要勇于进行价格改革、土地制度改革等，这个是未来不可回避的。

# 中国的城镇化
## 为世界带来的机遇和挑战

　　世界上很多人都在关注中国的城镇化,好奇、担忧以及寻求机会等兼而有之。以下数字大概可以说明一些问题。中国现有城镇人口 7.1 亿,这只是在城镇化率达到 52.6% 时。2012 年之前的 10 年,中国的城镇化率增长速度平均每年 1.4 个百分点,也就意味着中国每年有 2000 万的人口进入了城镇就业和居住。虽然由于国际金融危机导致了中国的经济增长速度放缓,但是 GDP 即使下降到每年 7%~8% 的速度,每年城镇化率也可以保持到 0.8%~1% 的增长水平。也就是说未来 20 年内,中国还将有至少 2 亿人纳入城镇化进程。

　　到 2030 年,假设中国有 9 亿城镇人口,其中有 4 亿多人口是从农村转向城镇,在中国政府推动了一系列改革之后,可以在城镇定居并逐步享受到城镇居民的公共服务水平,就意味着他们必须把原来的长期消费倾向从农村转向城市,就一定会带动市场的消费需求,进而推动投资的需求。因为他们要在城里租赁或者购买住房,还要购买工业制成品,他们需要新增的诸如教育和医疗投入等公共服务。他们分散在不同规模的城镇里,解决他们居住条件的改善需要基础设施投入,需要通过交通设施的改善来支持他们在城镇间的流动和就业,等等。这种需求是现实的,而且是建立在巨大的人口规模基础之上。

　　中国目前有不同规模的城镇 2 万多个,其中超过 1000 万人以上的城市有 5 个,400 万人口以上的城市有 18 个,100 万人以上的城市 127 个,5 万人以上的城市 1500 多个,同时还有平均人口在 1 万人左右的小城市

　　本文是李铁为中国欧盟商会主办的 EURObiz 杂志撰写的文章,2013 年 9 月 29 日。

近 2 万个。这些城市要在未来的几十年吸纳数以亿计的人口，要解决城市的基础设施建设和一系列公共服务问题，还要调整产业结构，实现低碳、绿色、生态的可持续发展道路。这些城市目前也面临着发展路径的选择，如何降低城市的发展成本？如何对新进城的人口展开公共服务？如何解决基础设施投入资金的来源？如何吸引更多的投资者到这里来投资？而且如何减少能源和资源的消耗？等等。

因此，对于中国的城镇化来说，目前需要的是借鉴国际经验，少走弯路，既要做到"以人为本"展开公共服务，同时还要走集约化的城镇化可持续发展道路，更重要的是还要充分利用这个巨大的市场潜力和机会来开展国际交流、合作，并通过吸引国外的先进技术，实现互利共赢。2012 年，中国政府领导人和欧盟主席在布鲁塞尔签署了《中欧城镇化伙伴关系共同宣言》，等于昭示了未来中国和欧盟在城镇化相关的各个领域开展全面合作。2013 年，在年底北京即将召开的中欧峰会期间，将举办"中欧城镇化高层论坛"和"中欧城市博览会"。这里特别要说明的是，"中欧城市博览会"的举办就是要把中欧城镇化伙伴关系从观念上的共识转化为实践的操作，为中欧城市和企业之间的合作、投资开辟市场，通过展示活动提供机会。届时将有成千上万的中国政府官员、企业家和各行各业的人士来参观，了解中欧城镇化发展的经验以及市场的潜力和需求，了解欧洲的经验和技术，并为具体的合作进行实际洽谈提供充足的空间和平台。我们相信，中欧城镇化合作将会通过无数个实体的交流和活动而展开，达到真正的互利共赢。

# 城市拆迁把初始创业的机会狠狠扼杀了

我们看中国的城市化，自我感觉良好。拿现在和 20 世纪七八十年代的城市比，几乎所有的地级市、县级市都已经实现了所谓的"跨越式发展"。这个"跨越式发展"虽然让一批人享受到了与韩国等发达国家服务水平接近的城市公共服务和基础设施，但代价是什么？这些服务没有覆盖老城区，把一部分在老城区居住的居民甩在公共服务之外了。老城改造要按照什么模式进行呢？我们看台北，可能表面上比不上北京，他们的城市形象在我们看来是惨不忍睹的，但他们的老城改造是在有自我产权、有发展权的基础上慢慢改变的，而不是一下子拆掉了。

看老城区的改造，不仅仅是一个城市形象的改变，和在城里生活的人的就业也有关。我们把东亚一些国家服务业比重作了一个比较，日本的服务业增加值比重大概是工业增加值比重的 2.8 倍，韩国是 1.5 倍。再看服务业就业占比，中国是 38%，韩国是 76%，整整是中国的两倍，台湾地区的服务业比重也很大。为什么一个老城区的改造和服务业有直接关系呢？到日本、韩国、台湾地区去看，每个人都有自己的房子，想干什么就干什么，就形成了自己特色的传统产业。所以，台湾地区的服务业发展是一大特色，可这不是拆出来的，是居民在自家房子上"长"出来的。从这些国家和地区可以看出，城市在自我改造过程中，城市形象和就业有很大关系。

城市更新是最近才有的事。20 世纪五六十年代就是在原有的住房基础上发育出来的服务业空间，包括小作坊，比如日本松下公司最初就是一个小作坊，在小作坊基础上发展出了大的电子公司。可我们现在的做法都是拆掉，拆掉以后大家都去投资投机，高昂的拆迁成本就把第一波

---

本文根据李铁在"2015 中国城镇化高层国际论坛开放性对话：新型城镇化与三个一亿人"上的发言整理，2015 年 4 月 18 日。

最初始创业的机会给狠狠地扼杀了。

当年去浙江温州、江苏调查的时候，我发现大量中小企业就是小作坊、前店后厂的产业模式，现在发展成各种不同的大规模企业，这是一个企业的发展路程。在中国，不是没有城中村的自我改造，比如我家门口的一个城中村，就由于成本太高而拆不下去了，后来政府想想它的存在有合理性，于是不拆了，允许村民自己建，村民在两个月之内都把自家的房屋翻盖成三层楼房，第一层作为店铺出租，第二层自己住，第三层全部租给农民工。这样既解决了农民工住房问题，又解决了农民自己的收入问题。原来都是低矮房屋，现在统一规划后比以前也好看多了。如果在这个基础上再允许进行银行抵押贷款，允许置换、联建，那可想而知，将来会发展什么样子的。中国城市有大量的社会资本可以参与到这种改造中。如果在解决城中村"一亿人"问题上，政府有一个好的政策，而不是大包大揽全部建成所谓的高楼，我想不仅这个成本会大幅度降低，而且还能带动服务业的发展。

所以，城中村改造有更多的方式，但重要的前提是：第一，要尊重原来所有者的产权，当他对这块土地有长期预期的时候，他自己会投入或者和别人共同投入进行改造，甚至会发展自己所希望的产业；第二，现在中国大部分城市的房地产开发都是大面积开发的模式，如北京房地产小区的平均开发面积是 150 亩，带来很严重的后果。现在大量的资金用于投机住房、投机股票，我们能不能在城市土地产权上进行小块开发？能不能让外来所有者购买几十平方米的土地进行开发？这样，不仅土地出让金不少收，而且在这块地上会"长"出大量服务业。另外，大量的闲置资本如果投到这些小地块上，会形成什么样的城市形态呢？在日本的城市更新改造计划中，原来的房屋所有者在新楼里都有股份，原来土地所有者的经营用地是保留的，但我们在谈判中把这些空间都剥夺了。

我们在制定政策的过程中，都在考虑顶层设计，都是站在一个很完美、很浩大的理想中去设计一座城市，而这个设计带着很强的主观色彩，我们修了这么多的大马路、大广场，这些闲置的路、广场、空间以及闲置的政绩工程浪费了多少钱？如果这些钱能投入到公共服务供给上面，那提高公共服务水平不是绰绰有余吗？

# 从城镇化进程看房地产发展

近些年，关于房地产和房价问题的争论十分激烈，有些已经影响到了高层决策。虽然中央政府采取了极为严厉的行政手段，试图遏制房地产价格的上涨，但是收效甚微。

判断中国房地产发展的趋势，不能简单地以日本和欧美的教训作为借鉴，也不能拿以往股市和地产的崩盘为参考依据，还是应该从中国经济增长的特点和城镇化的大格局出发，进行深入分析。

## 一、城镇化对房地产的影响

党的十八大已经把城镇化作为重要的战略任务提出，其中动因之一就是通过启动消费来拉动内需。通过城镇化，解决农民进城落户或者实现对进城外来人口的基本公共服务均等化，把进城务工就业的农民和外来人口的长期消费兴趣，从原来的农村和居住地转向就业所在城镇，进而形成对住房以及各种工业制成品和服务业的消费需求，带动经济增长。仅住房消费这一项，就是拉动内需的重要增长点。

2012 年，中国城镇人均住房面积为 32.9 平方米，农村人均居住住房面积为 37.1 平方米。虽然是住户抽样调查的数据，但基本是以户籍人口作为依据。如果不考虑未来人口空间的迁徙和变迁，城乡人均居住面积似乎面临着饱和。但是如果考虑城镇化的因素，可能房地产供需结构会发生巨大的变化。

2012 年，中国城镇化率为 52.6%，但户籍人口城镇化率仅 35.3%，

本文发表于《财经》杂志，2013 年 10 月 20 日。

有 2.3 亿已在城镇务工就业的农村人口因为没有城镇户籍，享受不到与城镇居民同等的公共服务，难以在城镇扎根。同时还有 7300 万的城镇间流动人口，也面临着同样的困境。

从理论上测算，按照城镇人均居住面积 32.9 平方米计算，假设 2.3 亿已在城镇务工就业的农村人口和 7300 万城镇间流动人口的户籍问题得以解决，而且农村土地制度改革得以推进，允许宅基地流转，他们在新的居住和就业地产生的实际住房需求将会是 100 亿平方米。

如果到 2020 年，中国城镇化率每年提高 0.8 个到 1 个百分点，那么每年将转移 1700 万～1980 万农村人口，八年间农业转移人口将净增 1.36 亿到 1.59 亿。如果到 2030 年，城镇化率保持 0.6 个到 0.8 个百分点的增长速度，那么 18 年间，农业转移人口将在现有基础上增加 2.1 亿到 2.6 亿，加上目前统计为城镇居民的 2.3 亿农业户籍人口，届时将有近 5 亿农村人口在城镇务工就业和生活。

如果户籍制度改革和基本公共服务均等化以及土地制度改革的目标能够实现，约 5 亿农业转移人口和近 1 亿的城镇间流动人口产生的住房需求，将会达到 197 亿平方米。当然这是理论上的测算，因为城镇存量住房的再利用、租赁住房和集体宿舍将会消化很大一部分住房需求。但至少说明，对未来城镇住房稳定的刚性需求在理论上还是存在的。

值得注意的是，目前房价上涨和房地产供给势头过猛的现象，与城镇化关系不大。首先是涉及户籍制度改革和基本公共服务均等化的措施尚未得到贯彻落实，农民工城乡居住和就业的两栖行为还没有发生变化，大量的农民工仍把工资收入寄到家乡盖房；其次是农村集体建设用地流转政策也没有提交到政策层面，宅基地无法流转和变现，实际上也等于拖住了农民工进城的后腿；第三是城镇的房地产开发大多是针对城镇人口的住房改善需求，老城区改造难度较大，改善住房的压力只有转向新城；第四是还有较大一批针对投资需求的住房建设，仅仅从城市规划和各种地产概念就可以感觉到，这些房子的消费对象并不是农民或外来农民工。只有本地拿到政府和地产商的补偿金的农村拆迁户，才有可能问津这些住房。

从城镇化的长期趋势看，这些外来人口会对房地产产业的发展产生刚性需求。但是，从实际的住房消费看，绝大部分是住在租赁住房里。据国家统计局农民工监测调查报告，在 2012 年，中国 1.63 亿外出农民工中约 65.5% 是租住房屋，在务工地购房的仅 0.6% 左右。

另据国家计生委 2012 年对北京、上海和广州流动人口的调查，在流入地租房和购房的城镇间流动人口占比分别为 53.2% 和 30%。因此，如果能进一步出台推进城镇化的政策，将有利于长期拉动住房内需，并缓解存量住房过剩或者闲置的压力。

欧美和日本出现房地产泡沫，基本是在城市化率达到饱和以后发生的，而且经济增长速度也在大幅度放缓。

1986 ~ 1990 年日本发生房地产泡沫时，城镇化率处于 76.7% ~ 77.4%，而经济增长速度在 1980 ~ 1989 年间仅 3.8%。而美国 2002 ~ 2008 年发生房地产泡沫时，城镇化率处于 79.78% ~ 81.7%，但经济增长速度大大减缓，2000 年一季度时减缓至 4.8%，2002 年一季度时仅为 1.4%。

近些年，中国城镇化率和经济增长皆处于高速增长阶段，因为户籍制度改革和土地管理制度改革滞后，城镇化质量随着户籍管理体制改革和土地管理制度改革的落实还有较大提升空间，通过住房需求实现拉动内需的战略目标还是有较大的可能。

## 二、目前房价上涨成因

关于房价上涨，争论焦点大多集中在地方政府利益驱动、货币超发、热钱投机等因素。政策思路的出发点还是过多地关注可引发房价上涨的投机因素，却忽视了实际的需求变化。因此实行了几年的限购限价政策，仍然没有遏制住房价上涨。

按照市场经济规律，价格上涨肯定反映出供求关系的变化。首先从供给方判断，房价上涨主要集中在哪些城市？毋庸置疑是一、二线城市，这里也是中国行政等级最高的城市。我曾经撰文专门提出过等级化城镇管理体制最大的特点是公共服务差别化。

由于行政调动资源的能力取决于城市的等级，高等级城市可以获得更多的优质资源。在中国优质资源严重短缺的情况下，集中在高等级城市的优质公共服务资源的稀缺性，决定了这些城市土地资源的稀缺性，也就直接导致了与土地关联的房地产价格的上涨。人们在这里买房实际上买的是优质公共服务资源，就像很多中国大陆的富人到香港地区、美国购房，推动了当地房价上涨的情况一样。

支撑高房价的还有高收入群体。20 世纪 90 年代广西北海和海南的房价瞬时上涨是因为投机，而当时没有优质的公共资源支撑，也没有高收入群体支撑，在政策发生变化之后，一定会发生崩盘。

这次房价上涨和长时期的经济增长、社会收入分配两极分化有直接的关系。持续 30 年的经济增长和收入增长，中国已经形成了相当数量的高收入群体。与其他国家不同的是，这个高收入群体是建立在 GDP 占世界第二、人口规模占世界第一的基础之上。如果 13.6 亿人口中高收入群体占 10%，那么就有 1.36 亿高收入人口，若占 5%，则有 6700 万高收入人口。

他们不仅仅要在本地购房，还要在他们认为公共服务资源较好的城市购房。因此对于一般高收入者，北京、上海等一线城市以及省会城市是首选，而对于亿万富翁来说，则是到香港地区，新加坡、美国等其他地区和国家去购房。随着收入水平的变化，选择购房的城市等级也会递减，在很大程度上也在一定程度上推动了三、四线城市的房地产市场的发展。

从经济增长的趋势看，现在中国经济维持 7.5% ~ 8% 的增长速度，仍然是高速增长过程。只要经济增长仍处于高位，高收入人群就会增加，购买优质公共服务资源的需求就会保持增长的状态，因此支撑着推动房价上涨的需求也在提升。

购买住房既是消费需求也是投资需求。但是对于绝大部分消费者来说，投资需求区别于投机需求。因为，已经没有稳定的渠道使自己的剩余收入保值增值。从物价上涨和银行利息的关系看，2006 年至 2011 年居民消费价格上涨约 19.9%，平均每年上涨幅度达 3.98%，但是，我们目前统计的消费价格并没有将住房价格统计在内，虽然表面上看起来，银行中长期定期存款的年利率高于物价指数，但是在居民的消费心理中，货币放在银行里是净亏，达不到保值增值的目的，而投资股票更是容易血本无归。

和社会上其他投资渠道相比，投资房产有优质公共服务资源作为保障，是最稳定的投资预期。另外，因为物业税以及所得税等税收征收环节的改革进展缓慢，投资住房的成本太低，也是促使购买住房热情不减的重要原因。

住房租赁市场发育不良，也把一部分中等收入人群推向了购房市场。一些城镇化率早已越过50%的发达国家，城市租房占比一般在30%以上。而中国，城镇家庭户租房比仅为18.6%。城市住房租赁市场不稳定的主要原因，一方面在于法律制度不完善，监管措施严重滞后。另一方面也在于现行的房地产开发模式使得购房成本加大，购房群体买房的主要目的是为了直接消费和投资。

出租的目的不是为了获得稳定的财产性收益，而是闲置房暂时的再利用，使得出租行为不稳定的现象，严重影响了租房群体的消费预期。相比之下，在其他国家，房屋租赁市场发育稳定的重要原因是，城市土地所有者自己盖房，房租是稳定的财产性收益来源。回顾中国1949年以前的城镇租房市场也十分稳定。

在中国，真正租房的城镇常住人口，却是城镇间流动人口和农民工群体，他们中的82%住在城乡接合部的出租屋或企业。农民工租房主要是在农村的出租屋，原因在于农村的出租屋建于宅基地之上，因房屋无法交易，租赁收入是房屋所有者的主要收入来源。可以说，租赁市场发育不健全，既有法律有待完善等因素，也取决于城市的开发模式和房屋的所有权形态。

## 三、重视地方政府的利益动机

很多人诟病房价上涨是土地出让金的推动，因此认为政府是房价上涨的最大推动者。其实土地出让价格取决于未来的房屋出售价格，在土地成本上涨到一定空间后，土地拍卖的价格仍然上扬，说明市场的需求仍然旺盛。否则土地拍卖一定会导致流拍，价格也会下跌。

　　既然如此，为什么社会上仍然担心房地产会出现泡沫呢？有以下几个原因：一是地方政府对于财政的过度依赖，推动了房地产的过度扩张；二是部分商品房处于空置状态，而新开工面积规模仍然很大。2012 年，商品房新开工面积达 13 亿平方米，虽然比上年的 14.7 亿平方米有所减少，但城市新增人口带来的需求似乎赶不上房子面积的增长速度；三是在一些城市出现了销售危机，商品房的滞销似乎让人感觉到了风险；四是在一、二线城市，特别是北上广深，房价上涨的幅度超出了唱衰者的预期，人们一方面总是联想到 20 世纪 90 年代的房地产崩盘和股市的崩盘。另一方面则是希望通过政府的手压低价格，确保自己能够以低价买到住房。

　　事情可以从两面看。一方面，房价上涨只是局部现象，只是在一线城市和部分二线城市。另一方面，房地产扩张则集中表现在其余二线城市和大部分三、四线城市。2007 ~ 2011 年人口 400 万以下城市（主要是三线以下城市）的房地产新开工面积总量为 41.7 亿平方米，占全国房地产新开工面积总量的 79%。

　　值得注意的是，一线和二线城市因为公共资源优质化和要素规模的集中，仍处于人口加速集聚的过程，按照市场规则，应该加大房地产开发力度，应对更多的人口进入。2011 年人口 1000 万以上和 400 万 ~ 1000 万的城市，房地产新开工面积分别为 1.21 亿平方米、1.69 亿平方米，仅占当年全国房地产新开工面积的 8.23% 和 11.5%。采取限购和限价措施，增加了供需矛盾，势必导致价格上扬。

　　如果说一、二线城市房价上涨是一种必然趋势，三、四线城市的房地产扩张则有可能引发风险和危机。原因在于，推动房地产发展的不是市场力量而是行政力量。违背了城市发展规律和经济发展规律的行政推动，有可能将三、四线城市的房地产推向危机的边缘。

　　为什么说一些城市房地产的推动依靠的是行政力量呢？原因在于房地产发展与土地财政密切相关。城市的发展需要改善基础设施，在城市基础设施投资中，很大比例是收益率较低、甚至没有收益的公益性较强的基础设施。

　　在其他国家，这类基础设施一般依赖于财政和银行的中长期贷款，同时通过较好的经营管理降低运营成本,并通过服务来进行收费。在中国,预算内财政是保政府运转的,俗称是"吃饭财政",没有能力支撑基础设施建设。为了保稳定,地方政府不愿意提高基础设施收费价格,因此城市发展资金大多来源于所谓的"第二财政",意指土地出让金。就是通过低价征地,高价卖出所获得的土地财政收入,弥补政府财政资金的短缺。

预算内财政靠税收,也就是依赖工业企业的税收。因为政府预算开支每年有刚性增长的压力,就增强了政府招商引资的动力。为招商引资,在当前城市竞争极为剧烈的状况下,各地纷纷压低成本,甚至不惜血本吸引工业企业来投资。土地成本可以被政府压得很低,即使存在基础设施投入和拆迁费用,也几乎都是零地价甚至负地价。弥补土地成本肯定无法从预算内财政上出钱,因此,必须通过土地的商业开发、房地产开发,获得预算外收益,才可以弥补招商引资的成本付出。

政府需要通过土地出让收益弥补基础设施建设支出和招商引资的土地成本支出,就必须要加大房地产开发的力度。一个城市要在招商引资上加大开发力度,就必须在房地产开发上继续扩张。根本目标是为了满足财政的利益,尽管财政支出也包括了城市居民公共服务设施的改善,但是通过行政手段来推动房地产开发已经是一个不争的事实。

行政推动房地产开发的基本规律就是:①基础设施改善和工业企业引进,迫使政府开发地产弥补投资成本;②每届政府招商引资和房地产开发形成的空间扩张,导致基础设施战线拉长;③房地产开发因需要提高土地升值预期,必须强调高起点的开发概念,相应增加了基础设施的成本;④高成本的基础设施空间的战线拉长,意味着下一期开发的规模也必须相应加大;⑤新一届政府为了政绩和财政利益,不得不重复这个过程,但面临着前任留下的已扩张的空间,必须要加大招商引资和房地产开发的力度;⑥中国地方政府主官平均任期较短,每一届政府都基本沿着这个规律来招商引资、开发房地产,周而复始地进行扩张循环。

行政辐射能力强、辐射范围大的高等级城市,面临的危机要小很多,因为这里集中了优质公共资源,全省的人都可以为了购买预期的优质公共资源到这里买房。

　　行政辐射能力低、辐射范围小的地县级城市，如果当地整体收入水平不高，房地产发展无法吸引足够的人群，一定会出现需求饱和，房地产将面临崩盘，政府债务危机也会凸显。因此，看待这类行政推动的房地产发展，关键不在房价，而是房地产开工面积和用地扩张趋势。房地产崩盘之后，政府基础设施资金供应链断裂，依赖于土地出让获得的各类金融产品的支持将面临还款危机，政府将无力进行再开发，击鼓传花效应直接显现在债务危机的产生和政府财政能力的严重下降上。

## 四、房地产发展趋势判断

　　房地产发展趋势关系着两个因素：一是房价怎么变化，二是会不会出现泡沫。

　　高等级城市优质公共资源绝对集中的态势在短期内无法改变，因此一、二线城市房价上涨的趋势也不会发生根本的变化。对于一些三、四线城市，虽然具有相对的等级优势，但是因行政区域人口总量、经济发展水平和人均收入水平相比之下较低，辐射面也没有超出辖区范围，资源更不具有强大的外部性，如果过度依赖房地产发展，当需求饱和时，势必会引发房地产滞销，并形成政府债务危机。

　　但舆论影响力过度关注房价。因为房价上涨集中在一、二线城市，特别是北上广等超大城市。这些城市居民的网络影响力强，他们对房价的担忧直接关系到自己的切身利益，可以通过媒体、网络等途径左右中央政府决策，使得中央政府通过行政手段干预房价上涨。

　　真正的风险，在于一些城市通过行政手段推动房地产的扩张，这些城市的房价总体水平不高，房地产扩张速度过快，从新开工面积上看，接近80%是在三、四线城市，这就不得不令人担忧未来可能产生的后果。

　　从近些年"两限"的效果看，之所以影响力有限，在于方法脱离了实际。一、二线城市的房价上涨，是资源稀缺性导致的，是市场在发挥作用。反市场作用的行政手段反而推动了房地产升值的预期。可是，中央政府对于地方政府通过行政手段推动房地产扩张，并没有采取有效的遏制政策。似乎认为房价不高，老百姓反映不强烈，问题并不严重。

## 五、调整房地产发展政策思路

房地产政策的制定应充分根据中国国情，按照市场和行政手段并用的办法，来解决房价上涨和三、四线城市房地产过度开发的问题。近期解决问题的重点应是三、四线城市通过行政手段推动房地产无序扩张。

第一，解决房价上涨重点在于尊重市场规律。

一是对于一、二线城市房价上涨，应尊重市场规律，重点在于通过税收等办法，调节开发商收入和投资住房者的收入。逐步取消限购限贷政策，提高土地出让金份额，加大对房屋交易税和转让所得税的征收力度，加快推动房地产税的征收。

二是增加中低收入住房供给。鼓励发展一、二线城市辖区内的远郊区中小城市，利用轨道交通加强这些城市和中心城市的联系，缩短交通时间。在这些城市发展低档和小户型住房，配备完善的公共服务资源，增加这些城市的综合性服务功能，形成方便、宜居、相对紧凑的城市生活空间。

三是一、二线城市主城区优质资源应创造条件，向周边中小城市转移，带动主城区人口向周边迁移。避免主城区优质资源过度集中，一方面可缓解房价的过度上涨，另一方面也可带动周边中小城市的发展。

第二，遏制三、四线城市政府发展房地产的利益冲动，关键在于调整利益机制。

调整唯 GDP 的干部考核机制，强调资源集约型的发展思路。重点要通过干部制度改革，建立政府执政的长期行为，遏制短期行为的泛滥，避免造成地方资源的严重浪费。对于过度浪费资源的现象，要集中整治，作为经验教训，广为宣传。一些造成严重后果的，要追究责任，予以惩处。

允许在集体建设用地上建立工业开发区，降低工业招商引资成本。一方面减少政府的财政压力，另一方面可调动集体土地集约用地的积极性。政府要帮助做好规划，规范管理。

应逐步探索集体土地同等权利参与城镇建设开发。通过土地征收成本和谈判成本的提高，减少地方城市政府对于出让金的过度依赖，并有利于提高对土地资源的有效利用，从根本上遏制地方政府房地产发展扩张的利益动机。

在经济发展较快地区，应鼓励发展服务业，调整产业结构，防止工业一家独大。对传统闲置的工业用地，可采取产业间置换的办法，鼓励发展商住、旅游、零售等各种服务业。增加服务业就业。降低服务业发展成本。

应尽快解决地方政府基础设施建设融资渠道问题。应允许民资、外资等多元化经营主体参与基础设施建设和运营管理。要逐步实行基础设施收费市场化的管理体制，减少福利供给。应通过房地产税改革和融资渠道改革，化解地方政府基础设施建设投资过度依靠土地出让金的压力。

对于城镇政府已经形成的债务危机，要探索建立止损机制，调整规划，放慢发展步伐，减缓大规模的基础设施投入，把投资重点转向民生。规范地方政府支出行为，建立支出约束的监督机制。

第三，增加住房供给，要充分尊重市场规律，尊重城镇化进程中人口流动就业的常态机制。

在未来城镇化政策制定过程中，进行户籍制度改革的探索，要尽量减少福利化的住房供给模式。可探索实行"新人新办法、老人老办法"的机制，逐步缩小保障房供给范畴。

应探索以租为主的住房供给方式，规范住房租赁市场，稳定城镇住房租赁渠道。限制主城区和周边中小城市大规模批租土地，试行土地小块拍卖模式，吸引中小投资者经营小块土地，建设稳定的出租住房，以期获得财产性收益。城乡接合部的城中村改造应充分尊重农民意愿，允许农民自建和翻建出租房，向外来人口出租。政府应给予支持和鼓励，金融机构应提供贷款，帮助农民改善出租房及基础设施条件。

# 新型城镇化下
# 房地产业要实现七大转型

## 一、当前城市发展模式存在问题

中国这三十年市场化高速增长中，政府的作用不可忽视。政府可以调动资源，通过行政手段降低劳动力、土地和环境成本。20世纪80年代乡镇企业发展的时候土地是没有成本的，劳动力价格也很低，环境成本几乎不被考虑，导致中国可以做一个世界工厂，形成巨大的竞争力。再有就是不给农民工解决公共服务，也压低了政府财政支出的成本，这都是政府在调节资源中降低了实际的要素价格。

实际上，政府在推动经济增长的时候也有自己的利益驱动，一是怎么来确保预算内的财政收入增长，解决政府自身每年的基本运转，二是有没有钱来实现政绩工程，另外就是用更多的土地出让收入来解决开发性投入。解决预算内收入增长就一条路——招商引资。我们可以看到，全国各地政府都在不遗余力地招商引资，提出各种新区建设的目标。但招商引资和过去不一样，过去竞争没有现在激烈，现在每个城市间不是协同发展合作的关系，是竞争的关系。要在招商引资竞争中获得成功，各城市最大的手段是降低企业的成本。所以，尽管中央政府制订了一系列有关土地出让的规定，但各地在土地上给予的代价极大。

我们最近了解到，陕西为吸引一个世界上最大的电子集团去投资，

本文根据李铁在"中国房地产业协会第七次会员代表大会"上的主题演讲整理，2014年5月20日。

给了几十平方公里的土地。当时有几个地方都在争这个项目，除去自然和政治因素外，其他条件基本一样，包括零地价、拆迁成本政府负担、基础设施成本政府出，企业拿到了土地以后可以直接去贷款，政府还要给这个企业五年的退税。原因就在于各地政府都在竞相压低要素价格来获取投资机会。

这种投资形成的巨大成本怎么办？政府的财政解决不了这个问题，于是通过做房地产开发来补偿，这意味着要拿更多的土地来出让，既解决招商引资的亏空，还有很大一部分可以解决基础设施建设和发展问题，解决公共福利的问题，不仅大城市是这样，小县城也是如此，这边招商引资，那边房地产开发。

问题是中国政府基层官员是两年到三年的任期，大城市政府官员四五年任期，每届政府都要干新事，上届政府已经把这块地占完了，招商引资完了，开发也完了，下一届政府就开发新地去建新的房地产项目。

房地产开发的增长模式结果是什么？第一，发展成本越来越高，基础设施成本越来越高；第二，房地产开发要把土地卖的水平更高，一定会建立一种概念，有生态的、绿地的概念等等，可以看到很多地方的河流、大马路都给房地产的概念提升名牌而做的嫁衣。结果就是城市越来越大，摊大饼越摊越严重，基础设施支出的压力越大，债务负担越来越大。问题在于中小城市按照这种模式继续下去的话，未来房地产开发的成本越来越高，但销售的范围、需求支撑越来越低，一定会面临着困难。我们最近调查，一百多个地级城市人口增长速度在下降，因为在这种开发模式下，农民进不来了。我们看到各地的规划馆都做了规划模型，一个比一个漂亮，可是这种城市农民不可能进来。

## 二、研究房地产问题要具体城市具体分析

在这种发展模式下，怎么样来分析房地产发展的前景。当前房地产问题有两类比较受关注，第一个就是过去一段时间大家更多关注的房地产价格，现在更多关注房地产是否存在着泡沫，实际上在中国研究房地产问题要具体城市具体分析。

　　研究房地产发展形势要研究中国资源的空间分布状况和城市之间的分布状况，有些资源的稀缺性是独有的，有的是自然禀赋，更多的是社会禀赋、等级化的差异。首先等级化的城镇管理体制下，资源过度集中在高等级城市，他们可以更多地截留上级分配的计划资源，比如土地指标，所以这种体制下会看到北京、上海和其他城市的差距，各类省会城市和地级城市差距，地级城市和县级城市差距。

　　高等级城市吸引了过多的优质资源，而实际上整个资源配置上还有相当一大部分是通过福利供给的方式来提供的，比如北京，地铁两块钱，世界最便宜，公交四毛钱，水价、电价和天然气价格和河北省其他城市相比还低，有大量福利供给的原因使北京的土地价格一定具有升值潜力。北京2008年申报奥运大量资源都投在这里，再申报2022年的冬奥会更多的资源还要投在这里。这种公共服务的差距和土地资源的稀缺性导致房价一定会维持一个上涨的空间。

　　另一方面，相当大部分三、四线城市推动的空间扩张和房地产规模的膨胀必然会出现危机，这种不计成本的推动必然会有一天导致边际收益下降，因为它的行政覆盖面过强。比如西北地区一个地级城市，他就覆盖几百万人口，原来房子买完了，再盖没人来买，其他城市不可能到你这来买。在这种主观主导行政扩张的房地产推动的格局下，一定会出现危机，这和国际上出现的泡沫有本质上的区别，但它也是一种泡沫。

　　还要研究需求，未来城镇化一定会产生巨大的对房地产的需求，对此我坚信不疑。北京2180万人口里有800万的外来人口，其中20%多是城镇间流动人口，包括很多高学历的北漂，上海2300万人口有1200万外来人口，深圳1300万人口有1000万外来人口，如果我们在这些城市解决了他长期的落户问题，解决了公平的公共服务的问题，那么他在这里要有他自己的一套住房。当然城市有辖区，在辖区里会根据价格进行合理选择，但需求是存在的。所以无论是租赁性住房还是购房需求都长期存在。再有就是改善型住房需求。改善需求是人的基本需要，另外就是享受型需求、投资型需求、投机型需求和灰黑色需求，经过这次反腐败会对房地产产生一定的影响，但他不会影响最终的需求。

但我们要注意这些需求只会产生在人口相对集中的地方，人口流出地的需求会下降，人口流入地的需求会上升。所以分析房地产形势的时候这是一个非常重要的判断依据。

## 三、新型城镇化带来房地产业七个方面的转型

在这种情况下，房地产要实现转型发展。

首先，要实现以人为本的新型城镇化，房地产商要注意中低收入人口和外来人口的住房问题。这些住房一定是低价格的，他们没有那么高的要求，他需要更方便的城市社区配套，需要和他们的收入水平、生活习惯、基本素质、消费能力相关的居住社区。他们现在都在城中村里租赁住房，但随着未来城中村的改造，随着城市的边远地区、远郊区再扩张和迁徙，是不是会有一些空间上的变化？

二是调整房地产发展模式，走集约型发展道路。现在大量房地产商在城里拿一块地随随便便就开一块地，但却做成了一个孤立的社区，里面居住的几千人、上万人出行非常不方便，生活也不方便，就业率因此会大幅降低。房地产要能够更好地和城市功能结合在一起，更好地实现城市未来发展的人口密度的指标，更好地节省基础设施资源的成本，提高基础设施的配置效率。

三是房地产要降低服务业发展成本，给服务业发展提供充分空间。我们在研究房地产发展的时候特别觉得现在的房地产非常普遍的是更多注重视觉效应，更多注重所谓的环境、所谓的绿化、所谓的视觉感受，但实际上人们在生活中更多的是需要生活的方便。现在的房地产开发模式，导致社区的生活性服务业发展成本很高，服务业发展滞后。我们到欧洲城市看，能保留几百年的一个文化城市是没有通过房地产开发的，都是市民自己家盖的房子，中国的古镇，每家的房子也都是自己建的，他们在自己建的房子发展服务业，成本很低，服务业就很发达。

四是房地产发展要促进城市功能完善。中国房地产开发模式对城市交通拥堵的影响是不可忽视的。北京房地产小区开发规模平均是 10 公顷 150 亩地，但我们现在所有的房地产开发都是一个封闭的社区，把城

市的微循环系统彻底堵死了，由于毛细血管不通畅，大家都跑到主干道去了，所以交通拥堵非常严重。其他城市也差不多，新开发的房地产楼盘，完了就封起来。由于封闭了，就使这个社区的功能和外界发生了脱离，从你楼上走到社区之外有一定的距离，所以你只能开车出去。所以，房地产开发要和城市整个功能来进行衔接，我们是不是可以考虑新的模式。

五是房地产开发要改变单一的视觉模式，提供社区全方位的文化、体育、娱乐、休闲等低成本空间。我们设想未来要文化城市、娱乐城市、休闲城市，可是我们看到的城市和社区给人提供的空间就是一种模式，大量绿地，给老人修一小块地搞一点健身设施，给儿童修一点滑梯，完了，可是城市有不同的年龄结构和不同的年龄需求，有文化需求也有体育需求。比如足球，巴西城市的大街小巷都可以踢球玩球，每一个角落都可以踢球，我们现在哪个城市房地产社区里头给你提供踢球空间？所以，全方位的文化体育娱乐休闲空间要针对不同人口，才能提高全民素质，才能带动文化产业的兴起。

六是房地产要向城市运营系统转变。把短期行为变成长期的经营行为，把短期卖房收费的机制变成一种长期的服务机制。一个房地产开发的空间实际就是一个城市社区的雏形，而且城市社区会存在着种种不同的市场化的社会服务需求，有相当一部分需求要通过收费机制来完善，包括基础设施运营等。这次中央城镇化工作会议和城镇化规划都提出基础设施的融资、运营管理系统要向外资民资改造。

实现从地产开发向运营的转变，就是要在开发房地产过程的同时是不是可以考虑通过这种政策来向基础设施运营商转化，而金融资本的介入也可以解决地方政府对土地财政的过度依赖。所以长期的市场化需求存在于城市的各个角落、各个空间里，也涉及地产商不至于受短期卖房销售问题的困惑和压力。

最后，房地产发展要和智慧城市发展相结合。我们城市和小城镇中心最近成立了智慧城市发展联盟，有房地产企业、金融企业、网络企业，通过市场化运营等手段，把金融、保险、健康等的各种服务通过智能化的方式和社区连接起来，形成开放社区。智慧城市是当前非常重要的一个切入点，跨界经营和合作有非常大的生存和发展空间，我们也试图在这方面进行试点，通过各种市场化的方式，推动网络、媒体、地产、城市运营、公共服务在一个城市社区内有机的结合，改变政府传统的运营管理模式。这种智慧不是一种豪华的政绩工程，而是利用现代的经济、科技手段更加紧密地和社会需求、公共需求结合起来，形成真正的地产发展和城市运营的有效链接。

# 中心城市房价还有上涨空间

在一、二线高等级的城市，资源稀缺性还存在，房价还有上涨的空间，部分三线城市和四线城市再按照这样的模式发展房地产，恐怕在扩张到一定程度的时候会导致崩盘。

房价是个复杂问题，因此在对之进行分析时，我们不能笼统判断中国的房价上涨，首先要分析中国哪些地区的房价在上涨？为什么会上涨？

首先，高房价主要集中在高等级城市，特别是直辖市、省级城市和副省级城市。城市资源分配不平衡，从低等级城市向高等级城市集中，等级越高的城市优质资源越集中，行政资源分布影响了市场资源分布。在高等级的城市买房，主要也是购买那里的优质资源和优质公共服务。而土地的限量供给导致这些城市资源的稀缺，高等级城市核心区域土地资源永远是稀缺的，这肯定会导致这些地段的房价上涨。

另外，户籍制度导致了公共服务封闭式的格局难以打破。在这种情况下，资源短缺、公共服务的封闭，也促进高等级城市房价进一步上涨。另外，像浙江、广东、江苏等沿海发达地区，城市辐射范围虽然不如西北地区的省会城市，但是人均收入水平高，也就支撑这个区域的房价上涨幅度大于中西部地区。

其次，相比于金融、银行存款、证券、基金等领域，房地产是目前相对稳定的投资需求。土地资源的稀缺性决定了它的价格上扬。特别是高收入人群第一会在本地买房，第二会到省会城市买房，然后到北京、上海买房。高收入人口到等级高的、核心资源好的、优质资源相对集中

本文刊登于《安家》，2013 年第 8 期。

的城市买住房，这在当下中国是最好的、最合理的选择。这就形成了对中心城市的高端高层次地产的持久性需求。假设高收入人群占全国的10%，我们会有1.36亿高收入人口形成持续的高端的购买群体，这个购买力是难以估量的。

最后，土地出让金制度下的城市发展模式。各级地方政府竞相开辟工业区，压低土地价格，赔钱搞招商引资，形成工业产业，来支撑政府的 GDP 和财政收入。这个成本要通过房地产开发、高额的土地出让金进行弥补。现在每届政府都要有新的政绩，结果城市摊子越来越大，基础设施、供给的成本大幅度增加。政府税收只能保财政、保吃饭，所以这些成本只能靠融资、卖地等方式偿还，而融资还得靠未来的土地出让金偿还，就形成了这种恶性循环。

综合判断，在一线、二线高等级的城市，资源稀缺性还存在，房价还有上涨的空间，部分三线城市和四线城市、县城再按照这样的模式发展房地产，恐怕在扩张到一定程度的时候会导致崩盘。

# 产业园区的市场化运营战略

2014 年 10 月中旬，李铁考察中国宏泰发展，谈了产业园区市场化运营的前景和战略。本文根据考察谈话录音整理。

目前，越来越多公司与地方政府合作，进行产业园区的一揽子开发。包括规划设计、部分基础设施建设、招商引资、配置物流、居住及商业物业等相关辅助设施建设等。在这个过程中，公司该如何运作，才能使产业园区在大量同构竞争中脱颖而出？我有三点建议：一是要确定务实的长远战略和科学的发展模式，二是积极开展国际合作，三是要坚持塑造品牌。

## 一、确定务实的长远战略和科学的发展模式

过去产业园区的发展都是政府利用行政手段来推，现在这种方式越来越难，还容易产生大量的腐败。因此，发挥市场的作用更为重要，但是如何发挥市场作用，需要在多个参与主体中形成共识。

产业园区的发展定位和长远战略，既要考虑到地方政府的想法，也要考虑到投资者的想法；既要考虑到企业自身的需求，还要考虑市场的需求。在高大上的概念和务实之间，要做出一个清晰判断和选择，不能一味的高大上，更要务实。举个例子，有很多的产业园区大力发展新能源产业，但在目前的能源供给状况和能源价格体系下，不是所有园区的新能源产业都能得到政府的支持并发展起来，这类产业的同构竞争非常

---

本文根据李铁考察中国宏泰发展时的谈话整理，2014 年 12 月 2 日。

严重。从另一方面看，像北京现在雾霾非常严重，可不可以发展清洁能源？清洁能源不产生雾霾，政府很可能会支持，而且老百姓深知雾霾危害的严重性，也会积极参与。

"园区智慧化"是一个高大上并且务实的牌子，有一定的发展潜力。现在有些企业正在探索通过跨界合作来建立产业园区的智慧管理模式，尽量利用好园区的空间和土地资源，以提高整个园区的资源配置水平，提高产业发展效率，降低园区企业的成本，这是一个好的发展方向。新颖的大概念一定要和具体的市场需求结合起来，不能单单考虑大概念。

企业运营产业园区，还面临一个较大的问题，就是如何建立科学的发展模式。产业园区是企业的产品，产品要想拿得出手，就需要在生产产品的时候，有一套整体的、规范的流程，这方面的开发投入是必需的。现在很多企业一味地期待挣钱却不愿投入，这方面的投入其实至关重要，属于智力投入。打个比方：滑雪不请教练，开车不上驾校，打高尔夫不请老师，凡事都是通过自己想当然的方式去做，能做好吗？搞企业也一样，需要有个非常清晰、务实的道路和规范的模式，这样的"产品"做出来后，一定很耀眼。

产业园区的发展，还需要合理的策划、规划。我们单位曾为河南嵩县白云山旅游风景区编制的规划是一个很好的例子。我们对该县原来分散的"三山一水"进行区域整合，统一称作"白云山景区"，分成几个管理片区，对外用一个名称打造品牌，并与洛阳文化旅游结合，塑造了一个从人文景观到自然景观一体的格局。第二年白云山申报成功"国家5A级旅游风景名胜区"，品牌作用已经开始显现。产业园区也一样，需要前期合理的策划、规划。

## 二、开展国际合作

对于产业园区发展，很重要的一点是打国际牌。产业园区进行国际合作在某种程度上有助于提升品牌和知名度。在国际合作上，可能在未来会有非常大的前景。

为什么我们要国际合作？中国过去30多年经历了低成本的发展过

程，我们以世界工厂的地位创造了较高的 GDP，然而利用的是廉价劳动力、廉价土地、廉价环境的优势。未来要更好地提升国际竞争力，无论是企业竞争力还是地区竞争力，关键是一定要有好的创新，包括创新的资源、创新的产业、创新的制度以及创新的管理等。这个创新既要符合国家战略导向，也要符合国际市场的竞争规则和趋势。通过国际合作提升我们的创新能力和水平是一条可行的路子。

国际合作有两个非常重要的点。

第一点，技术的合作，特别是高技术。目前，国外高技术企业遇到了很多问题，市场也已经受到很大的局限，对他们来讲，中国庞大的市场有很大吸引力。中国的城镇化进程中，人们原先的需求会逐渐改变，原来农民的消费转为了城市市民的消费，原来小城市居民的消费转为了大城市居民的消费，原来收入低的居民消费转为了收入高的居民消费。消费群体和消费结构都在发生变化，人们追求新产品的倾向性更强。随着收入增长和消费结构的变化，国内市场会产生强烈的对高技术产品的需求。

技术合作有两个载体：一是企业载体，通过企业引进国际的技术来建立合作；二是空间载体，即在一个地方形成企业的空间，比如产业园区就是典型的空间载体。产业园区引进国际企业时特别要注意一件事：大企业进来的随机性其实是特别强的，因而不一定要对大企业入驻抱特别大的预期。比如，把宝马、奔驰引进来，中小城市的园区与特大城市的园区竞争肯定是没有优势的。可是对中小企业的引进就不同。我在参加 2014 第七届中德经济技术合作论坛时，德国很多中小企业负责人跟我讲，他们特别需要市场，但没有门路，而我们国内的园区、企业在跟国外对接合作的时候，都想和大企业对接，不愿意花成本和中小企业对接。恰恰这些中小企业有很大的需求，他们需要降低成本，需要去寻找一个落户的地点。欧洲的中小企业是中国产业园区在国际合作中非常重要的主体。比如，意大利的服装制造业、瑞士的钟表业、德国的锅碗瓢盆制造业等，这些都不是大企业，都是中小企业，可是他们有竞争力，对改善中国整个的消费结构、拓展中国市场都有很大的作用。

如果考虑到这些实际问题，把国际上各类制造业的中小企业引到我们的园区，在园区中建立孵化器，也是一个创新的模式，有很大的前景。这就需要园区和企业从现在开始，从原来的本土化慢慢地向国际化转变，从传统管理方式向创新型管理方式转变，从粗放发展方式向智慧、低碳、提高能效的方式转变。同时，也要注意循序渐进，在一两个点先做尝试，慢慢形成品牌；形成品牌后，再复制推广，这样就能从一个地方性的企业发展成全国性的企业、国际性的企业。

第二点，管理的国际合作。就是说在管理上要引进国际的经验，着眼于提高管理服务水平，提高资源配置效率，降低成本。当然也包括国际上的一些新理念，比如说低碳理念、智慧理念等。如何引进国际管理经验，在未来产业园区发展中要提出一些新思路和新想法。

有很多城市的产业园区某种程度上在国际化，比如很多管理都用老外，但这是存在问题的，不接地气。如何形成自己的特色，怎么把国际经验、中国特色和整个经营管理方式紧密结合，闯出一套独特的发展路径，是产业园区在未来的发展思路中要探索的。

## 三、坚持塑造品牌

企业运营产业园区，离不开在品牌塑造上的大力投入。第一要做产品，包括园区管理、营销模式，要做出有绝对优势的产品。在产业园区的品牌塑造中，企业的心态不能太狂躁，投入要对，要做对的事情。如果投入方向和力度不对，即使是大型企业帝国，也可能很快就会崩塌。举个例子，我们知道摩托罗拉、诺基亚，在过去的十几年中，我们都用摩托罗拉手机、诺基亚手机，现在这些牌子都没了；之前的家电产业有东芝、夏普、索尼，现在也都没了。三星为了维持现有的市场地位，有上万人的研发队伍，它才能永远保持市场份额，才不会被市场淘汰。企业运营园区也要创新，先探索形成一种新的思路和模式，再总结经验模式，这样才能真正"走出去"。

现在是一个竞争激烈的时代，像传统的房地产、产业园区都在衰退，但是衰退并不等于没有市场需求，相关企业可以理性地进行判断和招商引资。如果盲目地招商引资，引进不适合本地发展的国外、国内企业，比如一些传统工业，那么很可能会带来很大的问题，收益也不理想。

产业园区需要花时间去打造，不要急，不要想一下子建很多项目。谈了很多项目后，如果做不过来，反而会降低企业信誉，这是得不偿失的。给自己设立一个战略性目标，要有一个三五年的策划期，并保持一个稳定的增长。可能三五年之内规模没有怎么扩大，但至少没有损失什么，业绩仍然在稳步增长。一旦形成品牌，三五年以后就会形成跨越式发展，那在中国未来市场中的位置是没人可替代的。

此外，宣传是品牌塑造的另一个重点。一旦形成了优势产品，我们应该用最简洁的方式给外界一个非常明确的形象和概念。一个企业要把30%~50%，某些行业甚至把80%的精力放在广告上，原因在哪里？大家认品牌。

总的来说，产业园区的企业化运营，要明确长期战略目标，大力开展国际性的技术合作和管理合作，要敢于塑造自己的品牌，去做研发，去做积累，去形成团队，同时也要在品牌宣传上下足功夫。

# 推进产业园区民营化运营

　　2014 年 12 月 6 日，"2014（冬季）中国城市发展国际论坛"在河北省崇礼县举行。李铁作主题演讲时指出，未来产业园区发展，要民营化运营，降低成本，降低对资源的过分浪费。

　　李铁指出，从 20 世纪 80 年代开始，廉价的土地、廉价的劳动力、廉价的环境成本，这种低成本的发展模式，奠定了中国经济发展非常重要的基础。但乡镇企业园区的发展模式逐渐被抛弃，大量县以下的工业园区被砍掉，在等级化行政管理体制下，更多的资金、人员等要素更多流向县以上的中等城市、大城市和特大城市。这个过程虽然给产业园区发展奠定了一定的基础，但也带来了较严重的后果，一是园区粗放发展带来的资源浪费，二是以房地产补偿工业低地价的模式不可持续，三是区域发展不平衡。

　　李铁表示，在经济增长和就业压力的情况下，实现产业园区的低成本发展是地方政府面临的挑战，有两条路径选择：一是改革土地管理制度，释放农村集体建设用地的空间；二是产业园区的民营化。

　　李铁指出，产业园区的民营化重点在四个方面：注重吸引中小企业，以国际合作大力推动国际化进程，实行紧凑型的发展模式，实现智慧的管理和发展模式。以下是李铁演讲整理。

　　谈产业园区，离不开对中国产业发展的一些基本评价。20 世纪 80 年代的时候，产业园区基本上来源于农村的乡镇企业，那时候中国的经济

---

本文根据李铁在"2014（冬季）中国城市发展国际论坛"的主题演讲整理，2014 年 12 月 12 日。

增长走的是一条低成本的道路，依靠的是廉价的土地、廉价的劳动力和廉价的环境成本。在当时计划经济严格管制的条件下，也只有农村乡镇企业具有这种独特的发展空间。当时那种农村经济的发展，实际上奠定了中国经济发展非常重要的基础。那个时候最发达的五个省，经济增长七分天下在农村、在乡镇企业。我们知道那个时候就有乡镇企业的园区，还没有城市的产业园区。

随着 20 世纪 80 年代城市经济体制改革和国有经济体制改革，整个产业园区发展的空间就出现了变化，从村村点火、处处冒烟的乡镇企业到产业逐步向城市集中，同时城市自身在开展国有企业的改革，这个发展变化到后来、到 20 世纪 90 年代就形成农村和城市产业并行发展的局面。但是在产业园区发展过程中，有一个行政管理体制上，即中央层面上、地方层面上和基层层面上的博弈和较量，在这个较量过程中，乡镇企业逐渐被埋没、被抛弃了，村村点火、处处冒烟、没有规划的模式受到了广泛的批判。

我们研究产业园区发展的进程，不能忘记这段历史。我们要分析当年低成本的增长过程中，产业园区、农村集体建设用地提供了什么样的条件。在乡镇企业发展过程中，2002 年前后，国土资源部对全国的园区进行了清理，八千多个园区被砍掉六千多个，县以下的园区都被砍掉了。这是一个非常大的变化，就使更多的资金、人员等要素流向县以上的中等城市、大城市和特大城市。这个变化当然有它积极的效果，原来低成本的、传统的、落后的产业在这次空间调整过程中完成了一次升级，各大城市的产业园区吸引了更多的高新技术产业和国际企业，有了一个非常好的基础，也奠定了技术发展的前提，所以才有今天。

可是在聚集的过程中，也出现了一些意想不到的后果。

第一个后果，城市产业园区的资源浪费严重。虽然说在农村集体建设用地上发展乡镇企业造成了所谓严重的资源浪费，但是在 20 世纪 90 年代，特别是到 21 世纪初，城市产业园区的浪费已经超乎我们想象。我们可以到各大城市去看，到产业园区去看，土地空间过于粗放，大马路、大广场那种发展模式已经成为这个时代产业园区的标记。即使到现在我们给地方城市做规划的时候，还能看到很多地级市、县级市的产业园区都是粗放发展的模式。

第二个后果，通过房地产来补偿低成本出让工业用地的模式抬高了城市发展的成本。传统的产业园区在追求低成本的过程中促进了一种中国式的城市发展模式：以低成本的方式来出让土地，吸引外资、民资投资，但是必须由政府来补偿，补偿就一定会通过房地产开发来进行，那一定会把土地价格卖得更高，就会走上所谓高端化的房地产开发趋势。所以现在我们看到，大量的地级城市基本成了花园城市的形态，造成了城市成本的大幅度增加。城市成本增加后，一方面吸引劳动力的能力逐渐下降，另一方面造成整个城市福利、公共服务水平过高，抬高了农民进城门槛。产业园区粗放的发展模式和补偿模式，形成了中国特殊的，区别于世界其他国家的发展模式。

第三个后果，造成了区域发展不平衡。谁有更多的行政条件和资源，谁就能获得更多的发展机会，就能获得更多的土地指标，这样就能吸引更多的企业来投资。随着区位条件的变化，随着行政等级的变化，东部地区和大量高等级城市获得优先发展的机会，这就造成区域发展不平衡。这种不平衡不仅仅体现在经济发展水平上，也体现在公共服务供给上，也就决定了现在城镇化各项改革，特别是户籍管理制度改革和土地管理制度改革难以进一步推进。

在这种区域发展不平衡的条件下，怎么再来认识这种产业园区的发展模式呢？就需要进行重新界定和思考。而这种区域发展的模式也逐渐形成了利益的固化。这种利益的固化可能在京津冀发展过程中更进一步体现出来。京津冀的发展是一种同构的竞争，大家都在互相竞争优质资源的时候，谁的行政等级高、谁的公共服务水平好，谁的话语权就多，谁吸引投资的机会就多。所以，我们分析产业园区，不能忽视在行政管理体制下这种对于资源空间分配带来的后果。

现在出现了一个比较大的变化，就是中国经济增长的低成本空间被压缩得越来越严重。首先，劳动力成本在逐步上升。最近我刚刚去了广东，广东大量企业由于劳动力成本过高转向东南亚地区。其次，地方政府的财政压力越来越大。我最近几天去了浙江、广东等很多地方，地方领导们给我谈到的主要问题是，怎么解决产城融合的问题，怎么解决政府债务问题，怎么解决经济面临的增长压力。这意味着传统的发展模式已经遇到非常严峻的挑战。这种挑战基于两个原因。第一，传统模式的延续、债务形式的延续是对传统方式的过度依赖，这面临着巨大挑战，因为没有那么多土地，就不得不调整自己的空间，但是苦于没有办法。第二，新的思路是不是形成了？但大量政府官员还没有破解产城融合发展、产业园区发展的新的思路。比如我们到地方去看，看他们的规划，看他们的产业园区发展规划，基本还是过去的模式，尽管他们自己对这种规划也频频摇头，认为这种发展模式不可能持续、这种规划不可能实现，但是做出的规划还是这个样子。所以在这个焦急、纠结的过程中，在倒逼机制压力和缺少发展思路的过程中，他们不得不面临一种新的选择。这种新的选择由谁提供，值得我们深入研究。

地方政府在研究产业园区发展的时候，当然要考虑到自身的利益，但是在京津冀一体化的情况下，这种利益凸显可能有很多后果，可能通过行政手段压迫地方调整产业空间。过去发达地区五个省，山东、浙江、江苏、广东和福建，为什么没有北京？因为过去在经济发展最活跃的地方，北京的管制是最严的，所以北京没有什么乡镇企业，天津的乡镇企业基本在自己的范围内，河北更不用讲。现在这种管制变成了另一种形式，变成了保北京，就是通过行政方式治理雾霾，压迫整个区域调整产业空间。恰恰河北正处于江浙 20 世纪 90 年代到 21 世纪初的这个发展阶段，这种行政压迫下产业结构的调整以及利益的调整，恐怕对未来京津冀产业园区的发展会形成非常深刻的影响。

在这个过程中，是不是还能保持低成本的发展模式，对于政府来讲是一个挑战。如何保增长，恐怕我们要在京津冀一体化前提下认识利益结构带来的影响。但是同时也要注意到，城市化发展到今天，北京城市化率 86.3%，天津 78.3%，河北 46.5%，按国际的普遍规律来讲，城市化发展到一定程度的时候，工业要远离城市。工业远离北京的大趋势、大格局已经不可逆转，但是工业远离后，向天津去吗？恐怕也不可能，天津也需要高端的产业。而河北有足够的土地空间，可以承接这些工业，这些远离北京的工业是向河北的城市群、各大城市中去，还是向县以下去？这是需要认真考虑和研究判断的。

在保增长的过程中，如何实现所谓低成本的产业园区的发展模式？我们知道，在城市化率没有达到60%的时候，服务业发展还没有一个高速增长的前提，河北的城市化率46.5%，所以服务业的发展还不具备更多的前提条件，河北正是处于工业化高速增长期，那就只有两条道路可选择。第一，根据河北的实际情况，继续走一条低成本的发展道路，就意味着会对工业化道路进行选择，对什么样的工业投资进行选择。这种低成本还要决定于提供什么样的土地，提供什么样的劳动力。但最近十几年，河北省提出的发展政策，三年大拆大迁、城市大变样等，实际已经在走一条高成本的城市发展道路，这和低成本的产业园区需求几乎处于一种不相容的状态。第二，河北的产业园区也在走"低价提供工业用地，通过房地产开发来进行补偿"的道路。可是房地产现在面临的形势并不很好。土地成本在上升，劳动力成本在上升，补偿的唯一条件——房地产的发展趋势在逐渐下滑，在这个过程中，怎么来重新塑造产业空间呢？值得深思。进行产业选择要尊重现实，因为河北省有七千多万的人口，还有大量农村人口，城镇化率不到50%，户籍城镇化率只有32%，有大量农村人口要转移进城，仅仅靠服务业还不能容纳，目前还没到这个发展阶段，还要寄希望于工业化进程中怎么发展产业园区。按照20世纪80年代整个产业园区发展的历史，我们不能回避所谓低成本的发展空间，何况现阶段，技术和资本对劳动力替代，劳动力的转移受到很大的影响。

塑造低成本的发展空间，可能有两方面的选择。

第一，能不能在京津冀地区，特别是在河北，更多的通过土地管理制度改革，来释放农村集体建设用地的空间，这个可以大大降低政府的成本。最近看到了一些关于土地管理制度改革意见的颁布，当然在这方面步子还是应该大一点。中国要想改变所谓"世界工厂"的模式，恐怕还需要时间。过去依靠农村集体建设用地发展工业已经取得成功的模式，只要在规划上进行约束，就可以采纳。怎么样利用农村集体建设用地来发展工业和产业园区，在全国其他地方也有很多好的经验，河北应该去采纳、去学习。这样的话会降低政府拆迁的成本，也会降低政府补偿的成本，同时也给农村带来更多的发展机会。

第二，产业园区民营化也是可以降低成本的。宏泰集团是一个产业园区民营化比较好的典范。产业园区民营化一个最好的方面是会减少政府干预，减少对资源的过分浪费。因为只有企业，特别是民营企业，它对资源的珍惜度可能是最高的。所以产业园区的民营化也是未来的一个发展趋势。

怎么样在未来的产业园区发展过程中重塑低成本的条件，然后结合创新，创造一个新的产业发展空间和新的模式。我想有以下几个方面可供参考。

第一，要注重中小企业。今天来了大量的中小企业、中小企业协会，还有中小企业联盟等等。为什么要说中小企业向产业园区集聚在中国具有独特的优势呢？①从政府的政策来讲，中小企业带动就业的能力最强；②中小企业应付市场的弹性最强；③中小企业不一定就是污染企业，有大量的中小企业代表某种先进的生产方式；④中小企业和很多制造业、服务业的结合也能促进旅游业的发展。中小企业对未来整个经济增长，在中国经济增长中发挥的作用，可不可以通过产业园区的塑造给它提供新的空间？现在更多的产业园区喜欢高大上，喜欢高科技的、喜欢资本密集型的产业，但是在特殊的发展形势下，在中国 13 亿多的人口，河北 7 千多万人口的大环境下，怎么样来解决就业，给中小企业足够大的投资空间？研究近些年城市的发展，很多地方政府对中小企业的投资没有给予足够的关注，不仅仅是工业企业，还包括服务业，包括房地产，都没有足够的经验。我前些天去台湾，台湾的房地产商就是中小企业家，没有大规模的房地产商，因为一个房地产商只能盖一栋楼。为什么只能盖一栋楼呢？因为和私有土地者谈判过于艰难。那么我们在一个城市、园区，能不能吸引广大的中小投资者，给他提供发展的空间呢？而不是仅仅想象的只发展工业。为什么最近这段时间股票开始上涨，为什么过去很长一段时间，大家把钱都投到房地产中去呢？其实投到房地产去，主要原因就是社会没有给他们提供充分的投资渠道。所以中小企业是值得我们特别关注的。

第二，国际化合作。APEC 会上总书记讲城镇化的国际合作是未来国际合作非常重要的一方面。我们最近反复讲中欧城镇化、中德城镇化合作，刚刚和英国确定中英城镇化合作，我们又推进中韩、中日、中国和拉美城镇化等等的合作。21世纪国际的高科技和中国的城镇化怎么结合，在产业园区上要有所考虑，使产业园区形成一种独特的发展优势和竞争优势，要充分利用国际化的大视野。所以在发展民营的或者民间的各类产业园区的时候，要充分利用国际化的品牌。

第三，实行紧凑型的发展模式。即集约、高效的发展模式。通过国际化的渠道，吸引高科技的企业，当然吸引大量的中小企业，园区提供紧凑型的发展空间。未来产业园区发展中，不能再走那种大开大合、粗放型的发展模式和大马路、大广场的发展空间。这种模式浪费了土地资源，提高了城市发展成本，抬高了城市债务，不可能再持续下去了。所以构建紧凑型的产业发展空间，恐怕是未来产业园区发展的一个必然选择。当然作为民营的企业，或农民自己办的产业园区，在这方面会自动做出选择和调整。

第四，智慧的发展模式。智慧的发展模式在中国会有更广泛的发展空间。这些天大家都在关注智慧城市，智慧城市是一个大的概念，是不是也包括产业园区？产业园区怎么样通过互联网的优势，通过这种最先进的IT技术，通过最先进的决策方法，来完成对园区的管理，来完成对园区企业的服务，来完成对园区内所有劳动力的服务，怎么样实现智慧的方式，有多项选择。一个园区数据系统可不可以通过云平台实现，可不可以实现大数据的整合，可不可以通过互联网的方式，把园区和全国的企业、产业和世界的企业、产业有效结合起来？能不能在产业园区通过高科技的手段，植入各种最先进的互联网的要素，实现各种一卡通，实现最简洁、最方便的服务和管理，来降低碳排放，降低能源消耗？等等。这些对整个产业园区的集约、高效发展，是非常重要的，也是值得我们探索的内容。

京津冀协同是一个大课题，是一个区域课题，细化到产业园区的发展，是一个更接地气的话题。无论地方政府的官员，企业家还是产业园区的经营管理者，恐怕都希望在这个实践过程中去取得自己的收益。在这个话题下，我更希望来推进产业园区和企业间的合作，实现产业园区智慧化的管理，实现产业园区低碳、可持续、绿色的发展，为继续保持低成本的经济增长空间来贡献力量。

# 政企"双主体"动力机制
## 放大经济波动

    2015 年 4 月 18 日，在"2015 年中国城镇化高层论坛"上，李铁应邀参加经济合作与发展组织（OECD）关于《中国城市政策评估报告》（以下简称报告）的新闻发布会，谈了对研究中国城镇化的看法，重点阐述了中国城镇化不同于其他国家城镇化的重要特征和机制，提出四条建议：第一，提高资源配置效率，约束政府的支出行为；第二，通过改革降低发展成本，以利于更多的人口进入城市，利于工业、服务业获得更多增长机会；第三，释放中小企业投资者和中小城市的活力；第四，利用现代科学技术条件，实现城市治理创新。以下是李铁讲话整理。

## 一、关于 OECD 的研究报告

    第一，研究国际的城镇化规律，并将中国城镇化的规律纳入国际规律的一个重要部分。在研究中国城镇化问题的时候，特别关注了中国城镇化过程中的制度问题，这点非常重要，也难能可贵。

    第二，虽然报告中所使用的统计方法会和国内有一些区别，但并不影响对未来中国城镇化的判断。

    第三，报告中谈到了中国低成本的发展过程，这个评价有一定积极意义。过去我们靠廉价劳动力、土地、环境来保证持续增长的方式，是"旧常态"的表现，现在不得不转型，去实现一种新的常态。

---

本文根据李铁在经济合作与发展组织（OECD）关于《中国城市政策评估报告》新闻发布会上的讲话整理，2015 年 4 月 18 日。

第四，报告里关于行政管理改革的研究有些局限，只讲到了地方政府，而忽视了中国的中小城市。

## 二、对城镇化的基本看法

第一，如何认识中国的城镇化。中国的城镇化是世界上人口规模最大的城镇化，没有任何先例可寻。城镇化率每提高一个百分点，所增长的城镇人口数量是其他国家难以比拟的，因此在将中国的城镇化和世界其他国家的城镇化发展历程比较时，要特别注意人口基数的差别。

第二，研究中国的城镇化，一定要研究城镇化和经济增长之间的关系。我们注意到，在城镇化和经济增长互为影响的关系中，既给宏观经济发展带来巨大收益，又使得城镇化获得了丰硕的成果，当然也带来了非常严峻的问题。

## 三、中国特色的"双主体"动力

中国经济增长和城镇化的动力与发达国家有着根本的区别。在西方国家真正推动经济增长的是企业家，而在中国，还有一股不容忽视的力量——政府。政府和企业家就是中国特色的促进经济增长和城镇化的"双主体"动力。

第一，"双主体"的作用不同。政府和企业家的动机一样，但其作用机制不一样，当然产生效果也有很大的区别。我们知道，地方政府不仅有追求财政的动机，而且有追求 GDP 增长的动机，还有追求政绩的动机。像政府这样的主体完全有能力调动整个社会资源，因而它可以通过调动资源、压低要素价格来推动经济增长，使企业在经济增长过程中大大获益。正是这种"双主体"的推动，使得中国经济出现了 30 多年的高速增长。不过，我们要注意到，在这个过程中"双主体"发挥的作用是不一样的。

第二，"双主体"在效率上有差异。虽然企业家有获取利益的强烈动机，但是企业家在再生产的投入和财富的支出上是强调效率的。企业在发展过程中不会轻易耗费资源。而政府就不一样，当政府掌握大量资源的时候，他很可能在任期内就将资源消耗掉，而且效率特别低。在支出过程中，政府和企业同样拥有庞大的资源，但是由于政府不强调效率，缺乏约束机制，导致了资源配置的效率严重低下。因此，政府支出过程中的资源配置效率低下，也成为一个重要问题。

第三，"双主体"的增长机制可以把宏观经济波动无限放大。仅仅从产品经济来看，这个波动的结果是，庞大的库存要通过一段时间才能消化掉。从对西方经济危机研究可以知道，市场造成的危机波动是正常现象。而在中国，在政府的推动下，这种波动往往被过度放大。我们看房地产发展就是如此。因此，我们当前面临的波动性危机、经济增长下滑，都来源于"双主体"的超强推动力，并且没有"刹车"机制。

第四，"双主体"机制直接影响到了城镇化进程。城镇化的核心问题是人口转移。如果人口转移与政府推动的经济增长和政绩追求机制相撞，便出现了一个利益鸿沟。政府若想要把土地价格卖得最优，那就一定要改变城市的视觉形象，尽量把城市外在形象放大拔高。在支出效率低下的同时，不仅放大了城市的成本，而且同时获取了一定的第二次分配的福利。这种二次分配福利使城市居民的利益被相对的固化。在这个发展过程中，我们面临的改革将越来越艰难。所以，中国内在的经济增长动机和国外根本不同。

改革的艰难在哪里呢？我们知道，研究中国问题必然要研究每个利益主体的动力机制。而中国的这种动力机制在特定体制下被放大了，那么城镇化涉及的诸多问题该怎么办？比如，中国的跨越式发展，虽然形成了现在的城市发展形态，但也同时牺牲了农民和外来人口可以进城获取公共服务的利益代价。如果资源更多地投入到城市地区、城市人口密度较高的地区，那会相应吸纳更多的外来人口和农民来增加更多的服务供给。然而，每个城市又都不愿意把自己已有的公共服务牺牲给外来人口，使得户籍改革陷入困境。又如，土地问题，如果我们改革了土地制度，那地方财政收入来源就会受到影响，它的"增长饥渴"被大大遏制，同时房地产发展也会形成泡沫，进而必然导致经济急剧下滑，不仅严重影响到非农就业，而且也影响未来城镇化进程。更进一步说，我们现在跨越式的发展，导致了城市居民对未来高品质、优生活的需求渴望，这也是一种跨越式的心态、赶超式心态。在巨大的利益矛盾与复杂的心理需求相互交错的氛围下，改革越来越艰难。

## 四、未来改革方向

我们改革的方向有以下几个。

一是如何利用"双主体"的利益增长机制，继续推动发展，但同时要建立约束机制。在最大可能降低成本的前提下，约束政府的支出行为，扭转粗放型的发展模式。

二是能否更多发挥集体土地的作用，让集体土地所有者通过廉价土地，通过自己的努力来为工业提供增长空间。使我们廉价土地的红利能得以延续，而不是到现在出现"断仓"。

三是怎样通过改革来释放土地所有者的活力。

四是如何释放中小城市发展的活力。中国城镇化的人口流动格局是向城市规模等级的两头聚集，一头是超大城市，另一头是小城市。特别是小城市，如果给他一个平等的发展空间，促进其产业的活力，那一定会形成新一轮的发展动力，进而在这个空间环境下，可吸收更多的农村人口和外来人口。这里的中小城市，既有发达地区的，也有中西部地区的，我们应该研究哪些有效的政策，来释放他们的活力。

在未来可以总结几句话：第一，提高资源配置效率，约束政府的支出行为；第二，通过改革降低发展成本，以利于更多的人口进入城市，利于工业、服务业获得更多增长机会；第三，释放中小企业投资者和中小城市的活力；第四，利用现代科学技术条件，实现城市治理创新。

# 第三篇

# 转型与改革

# 李铁与林毅夫、黄益平
# 论辩中国经济增长前景

2015 年 9 月 10 日，在大连"2015 夏季达沃斯论坛"上，李铁与林毅夫、黄益平等嘉宾一起出席了凤凰财经与北京大学国家发展研究院共同举办的"凤凰早餐会"，共同探讨了中国经济现状、中国经济转型、东北经济困境、国有企业改革等议题。林毅夫教授从比较经济学的角度深入研究了各国的发展态势，表示"中国的经济下滑必须放在国际大空间下。放眼世界来看，所有经济体的经济增速都是有下滑的。而我们讨论经济增长速度下滑的时候，必须把国际因素跟其他因素放在一起。"而北大国家发展研究院副院长黄益平认为"中国经济后续两三年将继续面对下行压力"。李铁表示非常赞同林毅夫教授的观点，并从城镇化及收入的角度论证了"未来经济增长仍有较大调整空间"，表明了对未来经济增长充满信心。以下根据李铁在"凤凰早餐会"上发言的主要观点整理。

## 一、当前经济下滑的原因

我们知道，国际经济下滑是造成我国经济下滑的主要因素，而国内房地产拉动投资的模式也存在较为严重的问题。那么，房地产为什么会下滑？根本原因是，各个城市以房地产为主导的发展模式一直没有发生改变。到目前为止，城市治理体系、管理体系，仍然沿袭过去以房地产拉动投资的模式来调控经济增速，导致城市发展成本过高，资源利用效

---

本文根据李铁在凤凰财经与北京大学国家发展研究院共同举办的"凤凰早餐会"上的相关发言整理，2015 年 9 月 17 日。

率过低，也导致城市过度依赖土地财政，形成了大量的地方债务，也出现了短期房地产结构性供给过剩。

## 二、从中国国情去看未来经济增长前景

研究国际经济，必须跟中国经济作对照，务必要了解中国跟国外的区别，而不能脱离中国国情去谈国际经济。事实上，从中国国情而言，无论从收入和消费角度，还是从城镇化角度，都还有很大的可变空间；而无论从内需角度，还是从投资角度，这个可变空间都一定会带动经济增长。这一点毋庸置疑。

第一，经济增长速度下滑的城市化背景迥异。美国、日本等发达国家的城市化已处于饱和状态，城市人口的增长也已接近极限。2014年，美国、日本的城市化率分别达81.4%、93%，而他们都是在城市化接近饱和的状态下才出现泡沫，才发生了一系列问题。然而，我国城市化率还不到发达国家的一半，虽然统计上常住人口口径的城镇化率是55%，但户籍口径的城镇化率仅40%。我国城市化对于拉动内需的潜力仍有很大的发挥空间。

第二，收入水平决定的消费能力有很大释放空间。我国13.6亿人口，按照收入进行划分，有比重各占10%的最高收入、高收入和中高收入群体，这部分收入水平的人数近4亿人，比2014年美国总人口（3.2亿）还要多。一方面，他们的消费能力还有特别大的释放空间；另一方面，13.6亿人口中还有一部分正持续地在向高收入人口转化。可想而知，转化所释放的消费潜力必定会给经济增长注入强大的需求刺激。

第三，当前我国基础设施供给与国际上仍有很大差距。虽然我国城镇化速度很快，但是基础设施供给却相对滞后。城市看上去很漂亮光鲜，很豪华气派，但是城市地下基础设施几乎没有改善，国内城市屡屡出现"看海"的景象。城市交通设施也面临很大的问题，将北京与一些国家特大城市的市郊铁路长度作个比较，北京市77公里，日本东京2013公里，英国伦敦3650多公里，美国纽约3155公里。北京轨道交通之所以滞后于国际上特大城市的发展水平，是因为京津冀地区发展进程缓慢、基础设

施供给严重不足。可见，交通配置滞后导致北京难以发挥对周边经济发展的带动作用。

第四，经济结构调整会大大推动"内需潜力"的释放。当前，中国经济结构从根本上看并没有调整好转。以中国最大的城市——上海为例，2014年上海工业增加值占地区生产总值的比重仍有31%，而深圳工业化率达41%。只有像北京这样的极少数城市，服务业增加值占GDP比重高达77.9%，而多数城市的服务业增加值占比都在40%以下。当前，以工业主导的产业结构还没有发生根本扭转，导致了城镇化的"内需"潜力无法得到充分发挥。

第五，改革深入推进与政策的贯彻落实能释放增长空间。大家都说"改革有多牛"，但我没有看到改革"牛"在哪儿，没有看到哪些改革真正落实了。虽然我们明确了改革方向，提出来了改革方针政策，但是在贯彻落实精神的时候，却没有更深入的推进改革。因此，今后肯定还有非常大的改革空间。比如，户籍管理制度改革，目前取得了一定的进展，但土地管理制度改革严重滞后，行政管理制度改革则更加滞后于其他方面的改革，投融资体制改革也因为现在城市发展模式没有发生根本变化而被制约。

## 三、对未来经济增长要抱有信心

在中国国情下，如何分析我国未来经济发展前景，是否能抱有乐观态度？

第一，我完全同意林毅夫老师的观点，即中国比其他国家有更大的增长点。从自身工作生活经历看，欧洲、美国的办事效率，无论官员还是企业家，都非常拖沓。而中国人的勤劳、中国庞大的市场空间，在世界竞争中是其他国家无法比拟的。

第二，只要积极正确地引导，我们还可以释放出更多增长空间和发展活力。

第三，我们不要悲观，有些改革是通过倒逼机制才能得以推进的。所谓经济增长下滑，房地产拉动增长模式的严重误区等，会倒逼地方政府重视财政债务增加的问题,并迫使它必须调整经济结构,实现转型发展。无论从中央到地方,这种倒逼机制都将深入推进改革。虽然倒逼改革的过程会遇到短期的困难,但改革的大趋势不会改变。

第四,政府的振兴计划需要一段时间才能显露效果。一方面,振兴计划的重点是要解决基础设施的投入,而这种基础设施投入对提振东北经济的作用,可能需要一段时间才能逐步显现出来。不要因为看到东北经济增长速度的下滑,就归结为政策没有成效。另一方面,东北经济下滑由多方面的因素导致,有些问题是体制性的,有些问题是有区域性的。中央对东北基础设施的投入从长远来看,一定会有积极的影响,这是毋庸置疑的。

# 新型城镇化与中国经济增长

2015 年 9 月 10 日，李铁在大连"2015 夏季达沃斯论坛"期间接受凤凰财经的专访，就如何正确认识中国经济下行压力下城镇化的发展空间等问题展开深入对话。以下为李铁与记者对话内容。

## 一、经济下滑，城镇化空间还有多大？

随着经济增长速度的下滑，城镇化增长速度的确会出现减缓。这是必然趋势，主要有两个原因。第一，中国是有着 13.6 亿人口的大国，30 多年的高速增长带动了 7.5 亿人口进入城镇。但是，庞大的人口基数加入城镇化进程，伴随着收入增长会对全世界经济产生一系列的重大影响。如对就业、基础设施投入、国际贸易等均提出较高要求，还影响着国际资源的占用和重新分配，而竞争的压力和成本的增加等也必然影响到城镇化速度的放缓。

第二，传统的发展模式遇到了挑战。过去城镇化发展过多依靠房地产为主导。而房地产主导的模式，就缘于政府和企业的双重推动，导致了如今房地产供给结构性的严重过剩，在一些地方房地产过剩现象特别突出，而房地产的需求是有限的，进而造成了实体经济的下滑。这是目前从内需和投资两个方向来看，经济速度放缓的重要原因。但是，我们不能因此认为"城镇化对经济增长的作用在下降"；问题的本质是城镇化发展模式已经遇到了严重的挑战。也就是说，我们不能再依靠过去以房

---

本文根据李铁在大连"2015 夏季达沃斯论坛"期间接受凤凰财经的专访整理，2015 年 9 月 17 日。

地产发展、城市建设带动城镇化的这种发展模式了。

第三，我们目前还远没有实现以人为本、可持续发展、低碳的发展路径，因此在降低城市发展成本，提高城市资源配置效率等方面，还有非常大的改革空间。如果以改革和创新来调整这种发展模式，并使得以人为本、集约型增长、提高资源配置效率等三个方面的问题都得到有效缓解，就可以释放更多的需求空间。

第四，改革还能释放出更多的利好。例如户籍管理制度改革和农民工市民化可以带动消费需求，土地制度改革可以释放出农村要素的活力，城镇间的行政管理体制改革可以激活中小城市和小城镇的潜力，投融资改革可以促进外资和民资进入城镇基础设施领域，等等。因此，对未来中国经济发展而言，机遇还有很多。

**记者：**之前城镇化的快速发展对中国经济的快速增长起到了一定作用。那么在城镇化模式面临转变的时候，您认为下一阶段城镇化还可能是刺激中国经济增长的潜在要素吗？它潜在的发展空间还会有多大？

**李铁：**首先，对城镇化存在理解误区。过去无论是地方政府还是企业家都把土地出让、城市建设和发展房地产作为推动城镇化的发展动力，但实际上，他们并没有理解中央政府提出城镇化战略的真正含义。这个含义是要实现以人为本，因为在7.5亿的城镇人口中，有2.5亿的农民工和8000万的城镇间流动人口，他们的"城镇化质量"没有得到改善，没有享受到就业所在地平等的公共服务。如果我们设想，这些存量城镇人口能真正在城市定居，那么会不会带来需求呢？几亿人在城市定居，每个人都需要看病、每个适龄儿童都需要上学，而每个家庭都要生活、就业和消费，进而对服务业的带动会产生巨大的影响；每个家庭都要有住房、要装修、要购买家具、要购买电器等制成品，必然对实体经济产生巨大的需求。因此，怎么能说今后的城镇化发展没有意义呢？关键问题是，我们以往理解的城镇化存在一定误区。那么在转型过程中，如果我们实施了一个稳定的改革政策，并真正解决了人口进入城市的户籍问题、市民化问题和基础设施的配置问题，那么，城镇化拉动内需的未来预期是显而易见的。

## 二、"人口流失"与"劳动力供给不足"的认识误区

中国是世界人口最多的国家，所有的短板都能归结为人口问题。比如说，虽然我们在综合国力上排名世界第二，但是人均资源的占有、人均GDP在世界上都是落后的，排名甚至倒数。差距的根本原因是在庞大的人口基数上"平均"了，所以人口萎缩的说法是不成立的。

首先，人口应该向哪个方向转移？还有多大的劳动力释放空间？我想，劳动力不是短缺，而是过剩，并且劳动力过剩是长期趋势，这是特别要说明的问题。最近不少媒体、学者都在说，中国遇到了人口危机，将出现老龄化问题，而且劳动力价格上涨会导致剩余劳动力供给不足，有的还特别强调未来劳动力出生人口下降的趋势。可是，他们没有考虑到，中国经济增长未来的趋势是什么？经济转型出现什么变化？这里涉及两件事：第一件事，未来随着创新和产业结构的调整，资本和技术替代劳动力的趋势会越来越显著。实际上，我们看到广东、江苏、浙江都已经出现了"机器换人"，大量的重化工业都以资本来替代劳动力。那么，在中国这样的人口大国，资本和技术替代劳动意味着工业吸收劳动力的能力会越来越弱。第二件事，农村剩余劳动力还没有完全释放出来。我们知道，中国农村人均占有土地是2亩多，那么在人口过多的地方，如中部地区、南方地区，人均只有几分地，户均只有几亩地。而韩国和日本户均土地分别是1.5公顷、2公顷，我们现在人均占有耕地水平约是韩国的1/2、日本的2/5。在农村实现适度规模经营的情况下，如果我们的人均耕地占有水平能达到韩国和日本的标准，那么农村至少还可以释放出2亿多的劳动力。但是由于农村土地管理制度改革没有跟进，城市户籍制度改革没有有效地实施，而当前产业吸纳就业的功能尚不能稳定发挥，使得农村蕴藏的巨大的剩余劳动力空间还没有得到充分的释放。所以，在对国情没有根本了解的情况下来谈"劳动力不足"是严重的认识误区。

第二，关于城市化进程中的人口流失现象，所有的发达国家，无论美国、英国，还是其他欧洲国家，都经历过年轻人外出从事非农就业、

农村出现空巢、老人妇女儿童留守农村的现象。中国农村的三留守问题更多是由于户籍制度改革难以推进，农民工不能携家眷外出就业定居落户造成的。随着制造业发展水平的提高，年轻人去从事技术含量较高的产业，是世界各国发展的共同趋势，不能称为"流失"。而且最重要的是，人才流向那些能创造更高剩余价值的地方，是符合经济发展规律的。所以，"人才流失"是非常传统的观点，我们不能将最宝贵的青年劳动力消耗在仅有的一两亩地的农业耕作劳动上，而且人才向高附加值产业流动、向高收入产业流动才是正常趋势、普遍规律，并不是坏现象。

第三，一些城市的"人才流失"，或者说人口集聚不够，关键原因是城市包容性不够。所谓包容性不够，是说城市过于注重形态、注重跨越发展，注重营造所谓的大视觉空间，却没有把城市作为一个解决人口安居乐业的空间去考虑，这也是这些年城市发展的误区所在。很多区位条件好的地方，如一些城市的核心地段，原本应该是就业率更高的地方，但事实上，传统的城市发展模式将大量就业机会排挤掉了。比如，北京金融街所有建筑的第一、二层，本应该是最有利的就业空间和服务业发展空间，但是都被机关单位、大型国有金融机构独家垄断了，也使得金融街火不起来。原因就在于政府和国企的思维模式。同理，在其他国家，像金融街这样的地块都能得到很好的利用，既能创造出更多的价值，又能创造更多的就业机会。但是我们在城市建设过程中，往往过多注重视觉效应，在很多地方不允许小商贩在繁华地段经营服务业摊点，并横加限制，如城管和市民矛盾的突出就是典型。因此，在城市管理治理方面，我们还有很大的改善余地。如果我们能把这些问题都解决了，那么城市聚集人口的趋势不会发生变化，城市会为各类人口提供更多的寻租和就业机会，城市就不会出现所谓的"人才流失"问题。我想，这是需要进一步澄清的。

留守儿童的问题在于我们户籍制度改革没有得到有效实施。如果户籍制度改革政策彻底落实了，那么儿童、老人会跟着家庭一起进城了，这样留守现象就不会再出现了。

### 三、户籍制度改革的现状

第一，东部地区的特大城市和外来人口比重过高的城镇存在这个问题，而且限制外来人口进城落户的积分制度越来越严。而中部绝大部分地区的户籍制度都已经放开，进城的选择权已经交给农民。可是农民不愿意放弃自己在农村的土地和财产权益，土地管理制度改革滞后是重要的原因。

第二，如果把老人留在农村了，能不能解决农业劳动效率的问题。根据韩国、日本的经验，随着农村人均耕地的增加，土地适度规模经营的实现，针对 60 岁左右的老年人口的需求，农村相应出现了小型农机化的趋势。小型农机化会大大降低劳动强度，提高劳动生产率，这也是未来农村人口转移后的必然结果。农业适度规模经营的出现，使得机器替代劳动将成为必然趋势。因此，完全不必担心会对农村造成什么负面影响。这种担心只能说是杞人忧天，是我们城里人对农村不了解，对产业发展不了解，对国际城镇化发展规律不了解。

### 四、大数据不是医治东北经济下滑的灵丹妙药

首先，仅靠大数据不可能推动区域发生根本变化。如果实体经济没有得到发展，光靠政府大数据怎么会改变经济发展格局呢？所以我想，这是一些地方政府创造的新一轮政绩效应。其一，大数据更多的是市场运用，而不是政府运用；其二，大数据会给服务业带来非常深刻的变化；其三，在服务业发生变化的同时，如果不能带动实体经济的发展，怎么能使地方的经济格局发生逆转？因此，把大数据作为解决经济增速下滑的灵丹妙药的基本思路是错的。

第二，未来互联网肯定会有很大的增长空间，而且代表了一种创新的发展趋势，但是互联网一定要和实体经济有机地结合。但是，怎么实现有机结合？中国目前还没有找到很好的结合点。所以，这是在未来智慧城市推进过程中必须要解决的问题。

第三，东北经济下滑有很多原因，既有体制原因，又有发展阶段的原因，也有区域原因，还有资源配置的原因。其一，从区域的角度讲，东北并不处于有利的区域位置，面对着朝鲜，日本海没有出口，俄罗斯在最偏僻的地方，在经济大流通的空间格局中是个死胡同，没有足够的人口空间来吸引东北经济的产能外移。其二，东北是资源性地区，并且是重装备产业地区，现在正面临着资源枯竭。从30年代日本占领时期开始，就被日本掠夺走了大量资源，而新中国成立后的30～40年间，东北的大量资源为国家积累创造了充分条件。东北和西北地区不一样，西北地区刚刚发掘出了大量的天然气、煤矿、各种矿产资源，给西北地区带来生机。但是，东北地区的这些资源都面临枯竭。其三，东北人口不多，除西北地区外，东北人口密度在全国是较低的，这种人口格局难以形成大的消费空间，所以消费型的产业、劳动密集型产业向这里布局是不合理的。因为这类产业的布局一定是最接近人口密集区，最接近消费区，或者是最接近对外贸易开放地区。产业向东部沿海地区转移有一定的客观规律。

那么，怎么解决东北的发展？中央这些年采取了区域发展的三大战略，即东北振兴战略、中部崛起战略和西部开发战略，而东北振兴战略是其中非常重要的战略之一。"东北振兴战略"的重点是解决老工业基地改造、棚户区改造、下岗职工再就业以及基础设施的配置，并且这些年该战略已发挥了积极的作用。在基础设施配置、以人为本的各项政策充分发挥作用的前提下，东北地区要调整自身的产业发展空间，调整区域格局，改善与市场经济发展不利的现有体制环境，还有非常多的工作要做。但是，绝不能认为中央的东北振兴战略错了，一方面，我们要看到该战略已经取得了积极效益，为东北的长远发展奠定了非常好的基础；另一方面，全球经济格局、中国经济下滑使得东北产业结构问题表现得更加突出，但是随着经济复苏回暖，东北地区会向积极的方向发展。因此，我们一定不能丧失信心。

**记者：**我们不能因为东北目前出现了一些问题就要放弃他。虽然东北振兴计划是必要的，但我们是不是也可以认为，东北振兴计划没有触及东北发展的根本？是不是需要一个更大力度、更彻底的改革？像东北面临的一些体制问题、国企的问题，很多都是根上的问题，而这些问题可能不是投入多少资金，或者说出台一些政策就可以简单地解决掉的。

**李铁：**第一，既然谈到区域格局问题，那么一定是通过基础设施配置的优化和人口密度的改变才能使区域格局发生逆转，但这在东北发生的可能性不大。我们不能强制要求沿海产业格局全部都向东北转移，因为产业的转移是要用市场来牵引的。

第二，东北国有企业占比大有其历史原因。那么，国有企业改革要怎样实施？我想，中央会制定进一步的战略政策，我们也不能对此丧失信心。重装备工业、国有企业的改革，将来会走一条什么样的道路？可能东北自身也在探索。

第三，体制环境并不只限于东北，全国都要在解决体制问题上下功夫。那么，东北应该怎样改造体制环境？恐怕和整个国家的行政管理体制改革、政府管理体制改革、审批权限下放等一系列的改革，都有非常密切的关系。

第四，东北要找准自身发展战略的薄弱点和增长点，比如在生态发展和旅游经济带动方面，东北还有很多特色。

所以，我们不能寄希望于一天两天就发生变化，也不能因为经济增长速度下滑就说东北经济不行了，当前的困境只是传统房地产发展模式使得财政遇到了危机。怎样完善政府功能？怎样降低政府对传统发展模式的过度依赖？怎样扭转当前的发展模式，更多为服务业发展创造条件？在这些问题上还是大有可为的。

所以，从东北的问题上就可以看出，一些媒体对经济下滑有过度担忧。事实上从 20 世纪 80 年代到现在出现过多次经济波动，90 年代初经济曾严重下滑，90 年代末也出现过下滑。但每次经济波动，都有财政等各种积极政策的支持。然而，这次波动和以往有些不同，因为这次波动正好处于经济转型、反腐以及改革同步推进造成的低谷期，还要面临国际经济下滑的压力。怎样才能尽快度过这个低谷期？那是需要时间的，需要政策的调整。我们不能因为一两年或两三年的速度下滑，就认为中国经济增长处于衰退期了。其实，中国经济增长的回旋余地、未来可发展潜力和可调整空间，远远大于世界其他国家。所以从这一方面看，我们应该怀有充分的信心。

# 城镇化是好牌，打对了，
# 中国经济增长可以维持高位

　　过去几个月，中国资本市场经历了一场世界为之瞩目的起伏，与此同时，全球货币政策分歧持续加大，经济难觅增长点的担忧情绪叠加对中国经济前景的不确定性让全球市场陷入恐慌。此轮动荡是否会引发新一轮金融海啸，各国政策制定者如何评估又将作何反应，对于投资人和企业家来说，如何在全球新一轮经济博弈中寻找机遇、控制风险？

　　9月10日，腾讯财经举办"2015夏季达沃斯午餐会"，以"金融"为主题，邀请李铁、清华大学中国与世界经济研究中心主任李稻葵和野村证券总部副社长岩崎俊博作主旨演讲，分享对中国和世界经济的看法。美银美林中国区行政总裁任克英、通用汽车中国副总裁 Paolo Arpellino、清华控股董事长徐井宏、摩根大通亚太区副主席李晶、远东控股董事局主席蒋锡培及腾讯网副总裁、总编辑陈菊红等十数位国内外投行高管、知名投资家、企业家、学者和媒体齐聚一堂，共话中国未来市场前景，把脉房市、股市走向与金融政策。

　　李铁在主旨发言中表示，中国的城镇化是好牌，还有巨大的空间，我们转型遇到的困难期只是暂时的，不出错牌，我们的经济增长确实有太多的回旋空间，中国确实还会保持较高的增长速度。如果能引导各方面投资从投机转向创新，转向实体经济的发展，我们的希望会多得太多。以下是李铁发言整理。

---

　　本文根据李铁在腾讯财经举办的"2015夏季达沃斯午餐会"上的发言整理，2015年9月14日。

## 一、过去房地产来钱太快引致投机

在这个场合下，我先不讲城镇化，先讲讲经济发展的规律和中国经济的前景。我们知道，每个市场主体都想要赚钱，但钱从哪儿赚？无论对国企还是对民企而言，这都是非常受关注的很微观的事情。

钱从哪儿赚？我们研究过去三十多年中国的经济增长，会发现从20世纪80年代的农村改革到乡镇企业的发展，尤其是到90年代以后，企业赚钱的路径发生了非常明显的变化。为什么这么说？因为从90年代后，无论是国企还是民企，最快的赚钱机会是什么？是做实体经济，是去搞房地产，还是去炒股？我们相信，事实也证明，搞房地产来钱来的最快，成本也最低。

我们知道太多的国企都在搞房地产，他们拿地非常容易，保利、中远、中粮等许多著名的大型国企都在搞房地产。当然还有很多民企也瞄准了房地产行业。我去珠海的时候，发现格力地产很著名，说明格力也在做地产。如果腾讯或阿里巴巴想到哪个地方去投资的话，地方政府会很愿意把地给他们，这些企业要想搞房地产也有很好的条件。这么高的利润，相对廉价的土地成本，旺盛的需求，使得很多企业从原来的实体经济转向投资房地产，从实业转向投机的方向了，因为钱来得太容易、太快了。

如果不研究这个规律，我们就没法对中国特色的经济做出解释，无论是股市还是房市，这两个市场恰恰对中国产生了非常长期的影响。最近因为房地产市场遇到问题了，大家就去股市寻求机会。在实体经济不景气的情况下，全社会弥漫着投机的心理和行为。

## 二、政府通过压低成本推动经济增长

很多人研究经济，知道赚钱是企业家的动力，企业家在赚钱的同时推动了经济增长。但中国经济增长的动力不仅仅是企业家赚钱，地方政府也在赚钱。这是我们经济增长机制和世界其他国家的根本区别。我们的经济增长是企业和地方政府的双主体驱动，即地方政府和企业都具有强烈的赚钱动机，共同推动了经济增长。我们当然知道，所有的企业赚钱是应该靠经营，靠产品质量或者是靠创新，在中国还存在着各种劳动密集型的产业。可是还有一大部分企业是靠投机，靠股票和资本市场的投机，也靠房地产。

地方政府靠什么赚钱呢？靠压低成本。地方政府有两个收益来源，一个是税收，另一个是土地出让金。地方政府可以从农民那里以最廉价的成本拿到土地，这是世界上其他任何一个国家做不到的。我在出席前几届达沃斯论坛的时候曾和印度的参会代表进行过交流，他们非常羡慕中国的体制，认为像印度这样的民主体制，做什么事都做不成。为什么？因为他们的征地太难了，成本太高了，不仅仅是经济成本，还有谈判的社会成本。

政府还可以压低劳动力成本，统计显示外出务工的农民工社保缴纳率平均不到20%，地方政府为了招商引资，大多放弃了对社保缴纳的监管，等于降低了企业的劳动力支出成本。在一些东部沿海人口高度密集的城市，政府不愿意进行户籍制度改革，实际上也是通过延缓对外来务工人员的公共服务以降低城市发展成本。

另外，较低的环境成本也是经济增长的低成本重要因素。中国经济增长没有政府压低成本不可能取得这么快的效益。在中国，很多人只认西方经济学的教科书，不认同中国经济增长中地方城市政府的作用。他们只认同企业家相互之间竞争的市场，他们不了解中国特殊的市场现象，地方各级政府也是一个市场主体，他们也在相互竞争，也在力图通过中国的城市经营来带动 GDP 的增长。

政府在推动经济增长的过程中，压低成本是一个方面，另一方面是推动产业发展。推动了什么产业？如何推动？我们去看哪个产业来钱最快，就会发现与政府垄断的资源发生关系的产业钱来得是最快的，房地产是其中最显著的一个行业。这和政府低价征地，完全掌握土地一级市场的控制权有直接的关系。这让很多国企发了财，当然也包括一大部分民企也发了财。我们知道中国曾经的好几个首富就是搞房地产出身的。

## 三、政府和企业双重推动经济的模式遇到挑战

这个双动力驱动模式也是中国过去三十多年和城镇化相关的发展模式，但是这种发展模式目前遇到了严重的问题和挑战。

第一，由于政府强烈的利益动机，推动力太强，发展速度过快，导致有一些地方房子建得太多，卖不出去了。我们近期调查发现，有的地方房地产库存可能在十年之内都销售不出去，大部分城市消化房地产库存需要三五年的时间。房子卖不出去的后果是土地也卖不出去，土地卖不出去的话，政府的土地出让金受影响，未来预期的基础设施投入也就受到了严重影响。

所以，由于房地产这个主导产业的下滑，导致了政府财政困难，导致了伴生于房地产的实体经济遇到了严重的问题。不光政府遇到问题了，很多相关的企业也遇到问题了，包括像王健林这样具有实力的头号房地产商都在考虑从重资产向轻资产转型。地方财政的困难、债务的增加，整个经济形势的恶化，都和这些有直接的关系。

第二，城市资源配置效率严重低下。这种双驱动的模式，在带来好处的时候必然会带来风险。风险就是当政府有钱了，花钱的时候不收约束，效率低。企业家挣了钱会投入到再生产，投入到新的创新点，投入到跟别的企业竞争中，花自己腰包里的钱是要讲效率的，要有预期回报的。但地方城镇政府有了钱，在很长一段时间实施的干部管理制度和预算管理制度下，政府花钱受到的约束较小，往往由于主观因素和政绩行为，大手笔的支出导致城市资源配置效率严重低下，这在全国是普遍的现象，巨额的资金被大大浪费掉了。

第三，腐败问题。由于钱来得太快，掌握了大量土地资源的政府，和企业发生了种种关系，也就必然会产生腐败问题，这些都与政府垄断资源，过度关注房地产发展是有着直接的关系。

政府和企业双重驱动的发展模式虽然带来了高速增长，带来了城市面貌的巨大变化，但是导致了现在面临的危机。在危机的倒逼机制下，怎么实现转型？像王健林这样的民营企业家可以向轻资产转型，但地方

政府怎么办？已经形成的巨大债务在这儿放着，而且习惯了依赖房地产发展的寻租模式，转型的力度和速度相比于企业要慢得多。

因此我们知道，为什么最近一段时间城镇化不再那么热了。因为地方政府习惯的以房地产发展和新城建设为主导的城镇化发展模式已经走到了尽头。如果再按这个模式走下去的话，经济危机会更加严重，实际上也是走不下去了。也就是说，近些年来地方城市政府对城镇化的认识和中央的城镇化政策一直在理解上就存在着较大的反差，导致了中央的城镇化政策虽然已经提出来了，可地方城镇政府还是按照原有的思维惯性去推进。

## 四、城镇化大趋势下中国经济前景向好

我们在研究借鉴欧美国家经济发展经验的时候往往关注的都是数字，实际上忽视了一个问题，即欧美国家现阶段是饱和性增长，什么叫饱和性增长？就是他们的城镇化率已经达到了80%、90%甚至更高了，人均收入水平已经到了一个较高的阶段，国内市场已经饱和了，需要靠国际市场来解决内需不足的问题，所以这是在城镇化发展走到顶时出现的饱和性增长。

但中国并不是这种状况。中国目前的户籍城镇化率还不到40%，常住人口城镇化率55.47%。我们13.6亿人口中，有近半数人口还在农村，还没有进入城市，还有8000万城镇间的流动人口，还有两亿五千万的农民工就业在城镇但住房和财产还留在农村。如果我们的户改政策得到落实，他们还要进行空间上的大挪移。这个大挪移会不会对经济产生影响？会不会产生对投资和消费的巨大需求？肯定会。最近这几年的基础设施投资，包括交通、市政等，已经使我们的城市发生了巨大的变化。这个过程是不是结束了呢？回答是否定的。

比如我们关注到中央政府正推动的京津冀协同发展，为什么北京对周边地区的辐射带动作用很差？其中重要原因之一是过去基础设施投资导向大多和房地产相关。例如北京市周边的路网结构偏重高速公路建设。而在人口密度高、资源稀缺的欧洲和日本等发达国家的成熟经验是轨道

交通的利用效率更高，更有利于人口要素的流动。北京郊区的轨道交通才 77 公里，而东京周边有 2000 多公里，英国周边有 3000 多公里，纽约周边有 3000 多公里。所以在京津冀都市圈协同发展的过程中，轨道交通的基础设施投资还有巨大的空间。

我们的城市地下基础设施还比较落后，包括地下排水的问题、管网的问题、污水处理和垃圾处理的问题等，与发达国家有很大的差距，这些问题尚没有从根本上得到解决，还有很大的投资空间。我们有 7.5 亿的城镇人口，比欧盟总人口还多 2 亿多，我们有两万多个大大小小的城市，其中上千万人口的城市有 6 个，超百万人口的城市有 134 个，这么多的城市，当然有巨大的基础设施投资和建设需求，怎么能说中国经济增长没有动力呢？

## 五、创新和改革可释放经济增长潜力

我们是不是还面临着很大的创新空间？比如互联网的发展很快，怎么和城市结合起来？我们还有其他一些带动经济增长的举措，比如说改革的潜力还没有释放出来。我们最近的一个调查发现，在中部地区一些省份，甚至在东部省份的局部地区，各类城镇对外来人口都已经放开落户限制了，就是把进入城镇落户的选择权交给了本地和外来的农民，但是农民的意愿并不强。

为什么农民不愿意进城落户呢？因为土地的问题没有解决，包括承包地和宅基地以及家里的房屋财产，还不能自由买卖。另外农村还有一些比城市更优惠的政策，像计生政策，农村可以生两胎，城里只能生一胎。如果政策得当的话，在距离大城市较近的农村集体经济组织以及农民，他们的宅基地、房屋以及其他许多资产可以变现，而不会放在那里长期闲置没有利息。但我们目前的体制因素阻碍了这些本可以转化为资产的要素在城乡之间流动。城市郊区的农民根本不想进城，外来人口并不像我们想象的那样渴望着进城落户，很重要的原因是很多配套的制度改革没有跟上。

还有投融资机制改革，最近比较热的 PPP 模式，提的是很好，但是

PPP 模式和我们原有的城市基础设施管理制度有非常大的矛盾。比如基础设施运营与带有强烈福利性质的价格机制的关系怎么理顺？城市的水价、电价、气价都还存在大量的政府补贴，价格不放开怎么让民资、外资进去呢？如果基础设施投资和运营没有利润，仍是被国企垄断，如何推进 PPP 的模式呢？何况现在相当多的地方政府债务仍十分严重。

在经济增长面临着下滑的过程中，我们同时也要看到希望。这个希望也是民企给我们提供的，叫作转型。民企转型的反应和速度都比较快，但是政府的转型需要时间。我们新一届政府在反腐和国际交往上都取得了很大的成效，如果我们在经济上转型成功，市场的潜力会得到更好的发挥，政府资源配置效率低下的问题可以得到更好的解决，还有很多活力都可以进一步释放出来，包括企业的活力、中小城市的活力、民间的活力，通过行政管理体制改革、户籍管理体制改革以及土地改革等释放的活力，可以从根本上改变中国未来的面貌。

上午林毅夫教授讲我们手中拿了一把好牌，关键是不要出错牌。我们转型遇到的困难期只是暂时的，关键是我们会不会出错牌。不出错牌，我们的经济增长确实有太多的回旋空间，中国确实还会保持较高的增长速度，如果能引导中国的各方面投资从投机转向创新、转向实体经济的发展，我们的希望会多得太多。

# 丝绸之路经济带
# 要政府和企业共同推动

丝绸之路分两部分，一个是国内的，一个是国外的。关于丝绸之路，我们要考虑以下几个大的问题。

第一，产能过剩，不仅大量制造业产能过剩，而且能源、原材料也过剩，而向发达国家输出过剩产能是没有戏的。

第二，对发展水平低的国家进行投入，实际上为我们未来输出产品和过剩产能创造了基础设施的良好条件。

第三，丝绸之路虽然是一个贸易目标，但两个"路"在很大层面上是和我们的能源和资源结合起来的，意味着它在基础设施上有强大的需求。

第四，国际合作方面，需要搞好与周边国家、沿线国家的关系，对未来的发展有重要意义。

第五，国内东部地区一些产业，通过"丝绸之路经济带"向中西部地区、向丝绸之路上的其他国家转移，这对国内的中西部发展战略也具有重要意义。这表现在两个方面：一方面，沿线各种基础设施的投入，比如交通设施、高铁、高速公路、能源线的投入，一般是通过我们的战略规划来决定未来投入导向；另一方面，在我们所谓"点"的发展模式下，大量过剩产能中有一部分是以"线"的方式通过基础设施转移出去，但在这些沿线国家和国内的地区，必须投在某一个"点"上，企业要往"点"上投，但这个"点"是什么呢？其实就是经济开发区和城市。我们

本文根据李铁在"2015 中国城镇化高层国际论坛之自贸区与新丝绸之路国际研讨会"上的讲话整理，2015 年 4 月 17 日。

怎么样把"一带一路"和这些"点"结合起来？城市和产业结合有重要的现实需求，包括所有的自贸区和一些城市的开发区。

在制定国家宏观政策的基础上，在座的企业家能发挥什么样的作用？在丝绸之路经济带这条"线"的发展上，政府导向占了很大比重，而在"点"的发展上，政府是个空间载体，更多的是要市场要素来填补。政府在发展战略里确定了基础设施规划，但基础设施建设的投入由谁来做呢？肯定是企业。这里又引申出一系列需要思考的问题，比如，中国有这么多的城市、开发区，哪些企业会进入哪座城市、进入哪个开发区？他们为什么进入这些城市和开发区？政府提供什么条件才能吸引企业进入？企业进入以后应该怎样发展？在这么多的问题里，最关键的是要分清政府和市场的责任。政府责任：一要做好规划，做好沿线的整体战略规划和基础设施投入规划；二是每一个"点"、每一座城市、每一个开发区、自贸区，要做好未来发展战略规划、做好基础设施配置。

政府和市场要共同推动。政府有财政收入的利益机制，但也需要降低成本；企业有企业的盈利机制、创新动力，以产品来进行推动。政企是双线推动的，但政府推动和企业推动有两个不同的后果，政府收益转化为政府支出，而企业收益会转化为企业的基本再生产投入。区别在哪里？政府支出是不讲效率的，是短期行为，这是非常普遍的现象。由于政府支出造成了浪费，我们到一些开发区，大量道路早早修建起来，路特别宽，但核心区的土地利用不足，有些投入已经闲置了十几年，无形中抬高了成本。

在政府和企业双重推动机制下，我们怎么样改革？

首先，要通过政府职能转变和治理的转型，降低政府的发展成本，提高资源配置效率，这是当前城市、自贸区、开发区发展中都要解决的问题。其次，通过资源配置效率和政治管理效率的提高，通过治理管理能力的创新和制度创新，降低企业的经营成本。不能再像以前一样，管理条例一大堆，审批手续一大堆。改革的目标是为了完善各类企业的服务，帮助企业孵化、创新、发育、壮大，这是我们研究的重点。

这个论坛是第一个以企业为主体的板块，因此，首先要讨论政府提供什么条件才会吸引企业投资？而企业希望地方政府解决什么难题？选择什么样的空间、位置、基础设施等各种条件？这是第一个重点。

其次，企业如何利用这个平台，建立长期的合作机制。政府的、企业的、学界的、媒体的代表都汇聚在一起，建立起一个交流机制，可以更好地借鉴国际先进经验，更广泛地认识一些新的城市，接触一些新的企业，发现一些新的机会。讨论是一个平台，机制是一个平台，各种协会也是一个平台，而我们要建立一个什么样的平台？

再次，虽然我们更多关注顶层设计，但是我们希望在这个平台机制下，能在某个点上创造一个好的机制、好的样板、好的示范，并可以在全国推广，再总结积累地方的经验，转化成顶层设计的基础。这是我们最终的目标。

# 理性看待我国未来的人口政策

    李铁在 2015 年 11 月 5 日下午应邀参加凤凰网与凤凰卫视联合举办的"2015 凤凰财经峰会",就"计划生育和人口问题"发表主旨演讲,并就计划生育和人口发展政策提出五点思考:第一,人口不是少了而是还多;第二,政策调整的目标在于人口结构和提升质量;第三,劳动力不是供给不足而是严重过剩;第四,老龄化问题二十年内不会影响中国的发展;第五,要提升我们技术创新的能力,用尽量少的劳动力创造更多的财富是发展的根本,靠低成本人海战术的世界工厂时代已经成为过去。

    当前,社会普遍比较关注计划生育和人口问题,特别是这次调整计划生育政策的前前后后,社会上有很多似是而非的观点,对政策实施的本身以及相关问题提出了严重的质疑。因此有必要对这些问题加以澄清。其实,调整计划生育政策,是当时制定国策时就早已埋下的伏笔。相关文件已经说明,到适当的时机,我国的计划生育政策将随着人口结构的变化会发生调整。

## 一、全面二胎政策出台背景

    在前不久召开的十八届五中全会上对计划生育政策作了比较重大的调整,全面实施二孩政策,这是一个稳民心的利好政策。

    第一,我国已经出现了人口出生率下降的趋势。从 20 世纪 90 年代到

---

本文根据李铁在"2015 凤凰财经峰会"上就"计划生育和人口问题"的主旨演讲整理,2015 年 11 月 9 日。

现在，出生率大幅下滑，由 21.06‰降至 2014 年的 12.37‰，平均每年下降 0.6 个百分点。这也是政策出台的基本背景。

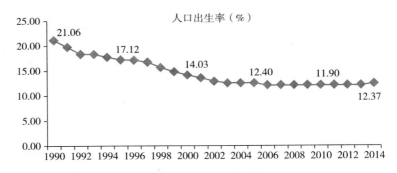

**图 1　1990～2014 年中国人口出生率**

资料来源：《中国统计年鉴》。

20 世纪 90 年代美国著名经济学家布朗提出疑问——中国未来耕地是否能养活 16 亿人口？为了这个疑问，我国实行了非常严格的耕地保护政策来促进粮食增产，保障粮食供给。从现在来看，当时估测的 16 亿人口峰值基本上不可能实现，而最近还有很多观点说中国人口峰值是 15 亿。根据有关部门研究和一些学者的判断，按照我国人口出生率下降的趋势，即使全面放开二胎，对人口峰值的判断和过去还是有较大差距。有研究认为，如果维持之前计划生育政策，到 2030 年人口峰值是 14.3 亿，而全面放开二胎政策后的峰值约是 14.47 亿～14.5 亿，相差 1700 万～2000 万。

## 二、为什么人口出生率下降

人口政策变化对中国未来经济的影响会不会发生根本逆转？很多专家在回答这个问题的时候，仅仅站在人口的角度来分析。根据官方数字，目前我国的总和生育率是 1.5～1.6，已接近国际公认的总和生育率 1.3 的低生育率陷阱。和美国、印度、挪威等国家比，我国的总和生育率分别低了 0.6、1.3 和 0.4，而且与日本 1.34 的生育率已经非常接近。

什么原因导致中国总和生育率的下降呢？

一是因为科技手段进步，使得避孕措施的普及率较过去出现较大改进。2012年我国已婚育龄妇女避孕率达87.9%，较2005年提高了约4.9个百分点。这是导致生育率下降的重要原因之一。

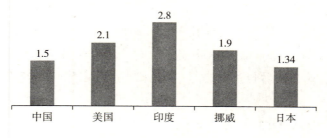

**图2 总和生育率比较**

二是生育成本越来越高。现在城里人越来越不愿意生孩子，一个小孩从出生一直到上学的费用较高，一般普通家庭承担不起。

根据有关城市生育成本的研究，生育成本排名前十位的城市里，北京、上海生育成本分别高达276万元、247万元，而深圳、广州分别是216万元和201万元。

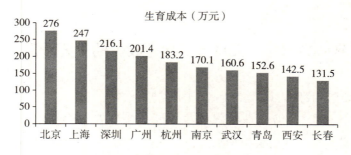

**图3 中国生育成本前十位的城市**

说明：成本项包括怀孕时的营养成本，产前及生产费用（包括产检及手术费用），产后及月子费用；学前日常用品成本，学前教育和其他成本；教育费用（7岁到大学毕业），人情送礼费、生活费等。

三是养儿防老的观念渐渐被社保功能取代。20世纪七八十年代的观点普遍认为"孩子越多对自己和家庭未来的保障越强"，可能到现在还有人认为"将来解决老龄化的问题大部分还要靠家庭"。但实际上，养老问题已经通过社会保障得到有效的解决，2014年，我国基本养老保险的参保人数达8.4亿人，其中城乡居民养老保险参保人数也达5亿人。

四是生育率高的农村家庭想靠多生子女来实现分配致富已不可能。

按照户籍统计，我国农村人均耕地是 2.31 亩，但在发达地区、人口稠密地区人均不到 1 亩地，甚至几分地。但自 20 世纪 80 年代以来，土地分配方式是"生不增死不减"，这意味着农户生再多孩子，集体也不会给新增人口分地，因此土地分配被固化了，人均两三亩地的规模不会再扩大。我们知道，人口生育快的地区主要是农村，过去农村家庭想通过多生孩子实现多占地，然后再通过农业生产来维持家庭繁衍，这个时代已经过去。

五是农业机械化已经逐步替代传统的劳动工具。2014 年，我国农业机械化综合利用水平达到 61%，是 1998 年的近 4 倍，相对于 20 世纪七八十年代而言倍数就更高了。因此，靠人海战术来解决农业发展这个时代已经一去不复返了，多生孩子的意义就不那么重要了。

六是失独家庭问题越来越突出。当前我国有几百万的失独家庭，而他们的补偿问题没有得到有效解决，包括他们的养老问题还需要进一步解决。而每年我们还会新增 7.6 万个失独家庭，将来必然会引发一些新的社会矛盾。

## 三、当前形势判断：人口多仍然是我国的主要矛盾

怎么认识我国人口政策所基于的形势？

第一，人口多仍然是我国的主要矛盾。现在社会上有太多观点说"我们国家人少了，要大幅增加人口"，这可能已经成为社会的主流观点。我不认同这样的观点。很多人在谈及中国经济发展状况时，总是把人均排名位次低说成是发展劣势，我国 GDP 总量 10.4 万亿美元，已经是世界第二，而人均 GDP 达 7589 美元，排名在世界第 80 位[1]。可见，这是我们经济发展的一个短板，而不是长板。

第二，农村人口多、出生率高、受教育水平较低、贫困人口多。我们还有 8.76 亿农业户籍人口在农村，而农村 6 岁及以上的人口中，没上学的占 7.25%，只上小学的占 38%，受初中教育的占 45%，而受高中教

---

[1] 说明：GDP 排名为世界银行 2014 年 10 月发布，2014 年人均 GDP 排名为国际货币基金组织 IMF《世界经济展望》（2015 年 4 月版）。

育的仅 7.7%，上大学的更少，研究生教育的占比几乎是零。上星期在世界经济论坛的全球理事会峰会上，思科副总裁对"人口多是未来国家发展潜力"的观点提出严重质疑。他是印度人，认为很多经济学家吹捧印度，说"印度人多，而且年轻，25 岁以下人口占 50% 以上"、说"这是印度未来发展的最强劲动力"等观点是胡扯，因为印度绝大部分 25 岁以下的青年都是没有受过教育的人，怎么可能会是发展动力，纯粹是负担。在全面放开二胎政策之前，按照我国的农村人口生育政策，如果第一胎是女孩的话，可以再生第二胎。实际上，农村生二胎的现象比较普遍。然而，要靠受教育程度不高的农村人口来带动经济增长并实现经济转型，显然是不太现实的。

第三，人口受教育水平不高是我国发展的短板。2012 年中国平均受教育年限是 7.5 年，较日本低了 4 年，较美国、德国低了 5.4 年。中国的教育水平和世界上其他国家相比仍有太大的差距，所以人口质量才是需要我们更加重视的大问题。

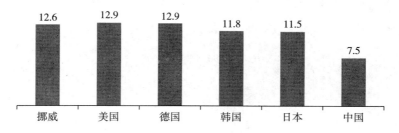

**图4　2012 年平均受教育年限比较**

资料来源：联合国开发计划署《世界各国人类发展指数》。

第四，我国人均占有资源、能源的水平也是制约因素。一方面，中国现在人均能耗是 2.67 吨标煤，美国是 10.37 吨，但我们是 13.6 亿人，美国是 3 亿多人，我们的人口约是美国的 4 倍，就算将来我们达不到美国的人均能耗水平，只是在现有的基础上增长 1 倍，也就是达到当前德国的人均能耗水平，那么试想一下，世界会是变成什么样子？到那个时候，世界石油、天然气供给都将面临极大的挑战。

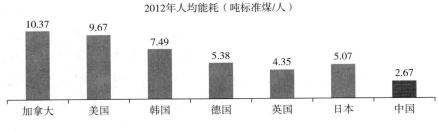

2012年人均能耗（吨标准煤/人）

| 加拿大 | 美国 | 韩国 | 德国 | 英国 | 日本 | 中国 |
|--------|------|------|------|------|------|------|
| 10.37 | 9.67 | 7.49 | 5.38 | 4.35 | 5.07 | 2.67 |

**图5　2012年人均能耗比较**

另一方面，现在我国人均碳排放总量是7.2吨，接近美国人均碳排放总量的一半，比欧盟还多0.4吨，超过世界平均水平2.2吨。如果未来中国人口增加，那必然导致碳排放的增多，又会出现什么样的结果？我国在和任何一个国际组织或国家打交道时，他们对中国碳排放的关注始终是一个重点。现在欧美国家和中国在气候谈判时，谈判的焦点就是降低中国碳排放水平，下个月将在巴黎召开世界气候大会，降低碳排放仍会是焦点。那么，我们在能耗没有大幅度下降的情况下，怎样解决未来的碳排放问题？如果将来碳排放持续增加，那会导致什么结果？全球的温室气体效应想必会带来灾难性的影响。

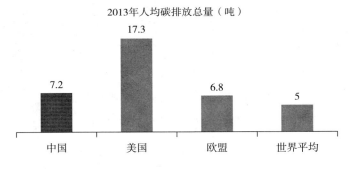

2013年人均碳排放总量（吨）

| 中国 | 美国 | 欧盟 | 世界平均 |
|------|------|------|----------|
| 7.2 | 17.3 | 6.8 | 5 |

**图6　2013年人均碳排放总量比较**

第五，粮食资源不容乐观。我们现在每年进口8000万吨粮食，进口量还在增加，相当于占用了国外8亿～10亿亩的耕地。与此同时，中国的农地没有休耕，全部靠农药、化肥来支撑，土壤重金属含量高，农药的生产和使用在全球排第一，而有效利用率只有35%左右；每年地膜使用量约 130 万吨，已经超过其他国家的总和①。可见，土地质量问题值得我们重视。因此，未来农村农业的发展能不能支撑人口的过快增长，也是一个很大的问题。

## 四、重点是要解决人口结构问题

我对当前人口问题的总判断：人口是多了，而不是少了，重点是要解决人口结构问题，而非数量问题。所谓结构问题，大概有几个问题要突出考虑。

第一，城乡结构。城市人口生育率下降，总体上，出生人口是减少趋势，但是受教育水平高。在户籍制度和土地制度等改革问题没有解决的情况下，农村人口数量在增加，但是受教育水平低。这个结构不发生转变，中国的发展问题没有办法得到解决。

| 表1 | 常住和户籍口径下的人口城乡结构 | | |
|---|---|---|---|
| | 城乡结构 | 人数（亿） | 比重（%） |
| 常住（2014年） | 城镇人口 | 7.49 | 54.8 |
| | 乡村人口 | 6.19 | 45.2 |
| 户籍（2013年） | 非农业人口 | 4.91 | 36 |
| | 农业人口 | 8.76 | 64 |

第二，性别结构。当前我国总人口中，男性占 51.2%，较女性多了 2.4 个百分点。未来怎样解决男女比例不均衡的问题？农村"生男不生女"这种观念很深厚，而城市对生男生女差异的观念相对弱一些。

第三，受教育结构。城乡受教育水平差距非常大。2010 年，城镇 6 岁及以上人口中接受高中教育的比例为 22.05%，是农村的 2.9 倍；而接受大专及以上教育的占比 16.7%，是农村的 8 倍；而小学教育程度的占比仅为农村的一半。在城乡教育差距下，我们应该考虑的是，怎么让城市人口具备解决子女受教育问题的经济能力？当然推进二胎政策对促进城镇人口发展，调整人口结构都有直接的影响。

---

① 《中国环境状况公报 2014》。

表2　　　　　　　2010 年 6 岁及以上人口中不同受教育程度比重

|  | 城镇 | 农村 |
|---|---|---|
| 未上学 | 2.84 | 7.25 |
| 小学 | 19.77 | 38.06 |
| 初中 | 38.61 | 44.91 |
| 高中 | 22.05 | 7.73 |
| 大专及以上 | 16.72 | 2.06 |

资料来源：第六次全国人口普查。

# 五、当前认识上存在的误区

## 1. 劳动力供给过剩是长期趋势

很多文章都说中国的劳动力呈现断崖式下跌，未来劳动力供给不足，已经影响到中国经济的长期发展等。我认为这是危言耸听。我们知道，最近中央提出来一系列创新转型措施，都在力主调整产业结构，实现创新转型。我们的判断是劳动力过剩是长期趋势，原因有以下三点。

第一，工业化进程中资本和技术替代劳动是必然趋势。这一趋势在长三角、珠三角已经发生了，广东、浙江、江苏等地大量传统工厂在关闭，而大量工厂开始使用机器人替代工人，还有很多重化工工业都在用资本替代劳动，过去劳动密集型产业在中国并不占主导优势了。2013 年浙江省通过"机器换人"减少普通劳动用工 70 万人；61.5% 的企业一线员工超过 10%，其中 16.3% 的企业减少 30% 以上一线员工[1]；东莞市实施"机器换人"的企业中，有 49% 的企业节省生产人员 10% 以上，而 20% 的企业节省生产人员 30% 以上[2]。因此，提高产品的附加价值，不能再通过低成本的劳动力、低成本的土地和牺牲环境，而是要摒弃过去世界工厂的发展路径。这应该是经济学界和社会的共识，怎么就把矛头指

---

[1] 资料来源：浙江省经济和信息化委员会的调查。

[2] 资料来源：东莞市部门抽样调查，来源于文聪："东莞三年拨 6 亿资助企业'机器换人'"，载于《羊城晚报》，2014 年 7 月 3 日。

向劳动力不足呢？

第二，社会上还有大部分的剩余劳动时间被闲置。由于户籍制度改革没有及时跟进，中国还有2.5亿农村劳动力存量在城镇生活，而他们的公共服务问题尚没有得到有效解决。这2.5亿农村人口进入城市务工，被统计为城镇人口，但他们的年龄基本在16～45岁，绝大多数人到45岁后基本就返乡了。国际劳工组织界定的劳动就业黄金年龄是25～54岁，如果劳动年龄能提高到60岁，那么现在这部分劳动力大概有10～15年的劳动时间被闲置了。如果把这2.5亿人口的劳动时间再延长15年，我们还可释放出多少劳动时间？能折算成多少劳动力？这没有人算过，但可以肯定的是，从劳动剩余时间的角度来说，我国的劳动力供给还是过剩了。

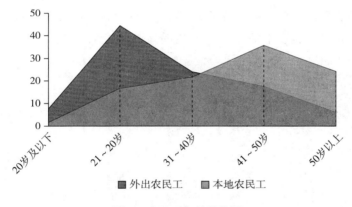

图7　农民工年龄结构图

资料来源：国家统计局历年农民工监测调查数据。

另一方面，农村还蕴含大量的剩余劳动力潜力。很多人只研究数字，不研究农村，也不重视我国的劳动力结构。我国目前农户户均土地规模不到9亩耕地，如果户均规模达到韩国平均每户1.5公顷的经营规模，大概还可以转移约2亿农村劳动力，如果达到日本户均2公顷的水平，大概还可以转移约2.23亿农村劳动力。研究农业的人都知道，推行适度规模经营才有利于实现农业的现代化，可是我们远远没有做到。户籍和土地制度等制约因素使大量农村劳动力滞留在农村。我们在推进城市化的研究中发现，减少农民才能富裕农民，减少农民就等于释放了很大部分的农村劳动力。但是在城里如何解决他们的就业问题，没有人去想要做什么，涉及未来几亿人的就业安排，并没有人给予更多关注，而仅仅是根据劳动力的单薄数字就作出供给不足的判断。

所以，从中国长期发展趋势来看，未来维持劳动力就业将是困扰我们的长期因素。2014 年，15～59 岁的劳动年龄人口是 7.64 亿，是美国总人口的 2 倍，日本总人口的 5.9 倍；我国的就业总数是 7.73 亿，低水平重复就业，这是我们的现状。我们怎么还能回到依靠低水平就业的历史中去，走世界工厂发展的路径呢？

### 2. 关于老龄化

首先，很多人说中国未富先老，也提出了很多危言耸听的观点。经过有关部门调查，中国的健康预期寿命比日本低了 7～9 年，达到日本的健康预期寿命静态是 9 年，动态是 20 年左右，甚至还要长一些。只有经济和社会整体发展水平的提高，才能提高健康寿命，所以我们还需要时间解决这些问题。

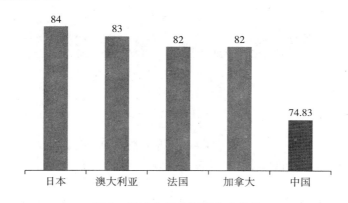

**图 8　2013 年平均预期寿命比较**

资料来源：中国为第六次全国人口普查数据，其余为世界卫生组织《世界卫生统计报告（2015）》。

可是，是否有人算过，发达国家在预期寿命与中国当前水平相当的发展阶段是处于什么发展状态？我们发现，发达国家在平均预期寿命约 73～75 岁的发展阶段，经济处于较高速的增长过程中。因此，当前老龄化问题并不像我们想象得那么可怕。何况未来社会保障体系的进一步完善还能解决老龄化的问题。

表 3　　发达国家在预期寿命 73～75 岁期间人口和 GDP 增长情况

| 国家 | 预期寿命约 73～75 岁期间 | 人口自然增长率（‰） | GDP 年均增长速度（%） |
|---|---|---|---|
| 日本 | 1971～1973 | 10.8 | 11.5 |
| 澳大利亚 | 1978～1982 | 8.8 | 12.8 |
| 加拿大 | 1975～1979 | 8.32 | 8.7 |
| 法国 | 1978～1981 | 4.75 | 6.7 |

数据说明：根据世界银行 WDI 数据库数据计算。

　　其次，还有很多其他解决办法，比如，"十三五"规划建议中提出延长退休年龄，并从"十三五"开始逐步解决。对城市来讲，从 60 岁延长到 65 岁退休，加上以前 30 年买断了工龄的，以及 50 多岁就退休的一大批人，而且还有 45 岁左右就回乡的城市农民工群体，总体上还可以有足够的延长期，而且这些劳动力是熟练劳动力。大家可以在餐饭馆、宾馆等各个服务行业里看到，很多是 20 多岁的年轻姑娘、小伙儿，但都不是熟练劳动力。我们经常感到服务业的劳动力素质水平非常低，原因是什么？因为他们没有长期稳定的生活预期，干完一段时间了就走人，都是短期行为，所以服务质量自然不高。然而，到欧美国家、到日本去看，服务行业里就业的很多是 40 多岁的中年人，他们的劳动经验最为成熟，这也是影响解决我们国家服务业质量的一个非常重要的因素。

　　第三，通过提高劳动服务价值，创造新的社会财富，来解决人口抚养问题，解决社会保障问题。我们将人口规模相近的城市进行对比，日本东京都 1330 万人创造的 GDP 是广州 GDP 的 4.2 倍，而美国纽约和北京人口规模相当，纽约 GDP 是北京的 7.4 倍。同样等级的人口规模，但创造的 GDP 一个是千亿，一个是万亿，说明解决人口质量问题远远优于解决人口数量问题。我们是否想到，如果我们利用现有存量的 7 亿多劳动力，如果他们创造更多的财富价值，我们是不是可以更好地解决老龄化带来的危机呢？

表 4　　　　　　同等规模城市的人口和 GDP 比较

| | 东京都 | 广州 | 纽约 | 北京 |
|---|---|---|---|---|
| 人口（万人） | 1330 | 1308 | 2009 | 2152 |
| GDP（亿美元） | 11522 | 2719 | 15585 | 2085 |

说明：北、广为 2014 年统计数，日本为 2012 年内阁府统计数，纽约为 2014 年统计数。

还有人提出来现在伊斯兰教人口太多了，将来会统治世界。你们认为那是进步还是倒退？还有人提出，"中国的人口已经快落后于印度了，印度快要成为第一人口大国了"。试问，我们是不是还要赶上印度的人口水平，这到底是优势还是劣势？这些问题我想很多人都没有搞清楚。

## 六、对计划生育和人口发展政策的思考

第一，人口的第一大国不是发展优势。

第二，要提高人口的质量而不是数量，重点在于调整人口结构。

第三，世界资源有限，人口过快增长对于人类和全球压力巨大。

第四，各国发展是竞争关系，我国的人口增长和国外的发展是竞争的关系，重点在资源和市场竞争。

第五，当我们习惯于用更少人口创造出更多价值，才是发展正途。

第六，低水平的人口过快增长对世界是灾难。

第七，只有通过加快户籍管理制度改革和土地管理制度改革，才能释放农村过剩劳动力的潜力，才能通过城镇人口的增加，提供更好的教育、医疗等公共服务，从根本上改变我国人口结构不合理的矛盾。

# 中国仍不缺人口红利

　　李铁是著名的城市化问题专家，长期从事城镇化、城市和小城镇发展、城市发展战略规划、农村改革和发展的政策咨询工作。曾多次主持和参与了中央、国务院有关城镇化政策文件的起草和制定。被广泛接受的"中国已经丧失人口红利"的言论，李铁完全不认同。对目前存在的大学生就业难问题，他认为这是结构性的劳动力过剩，而市场能够自发调整。网易财经记者专访李铁。以下为节目实录。

## 一、"中国人口红利丧失"言论无依据

　　**网易财经**：伴随着出现多年的用工荒，劳动力成本上升，以及制造业外企撤离等现象，关于"中国人口红利消失"的言论已经成为频繁见诸各大媒体的一个热点话题。而与"用工荒"同时发生的却是"大学生就业难"，这不禁让人困惑。为何一方面是用工荒，另一面却是就业难？中国的劳动力市场的真实情况到底是什么？中国人口的深层变化，包括年轻劳动力规模迅速缩小、储蓄率降低、老年人口人数和比例快速上升等，都给深化体制改革带来长期且急迫的压力。伴随着中国劳动力成本的升高，部分制造业外企撤离中国的现象，人口红利真的消失了吗？然而事实真的如此吗？

　　**李铁**：我不认同这个观点。因为我们不能仅从一个暂时所发生的现象来判断中国城镇化和人口红利未来的一个趋势，这是极其错误的。

　　第一件事情，我们也看到中国劳动力的供给需求长期是过剩的。就

---

本文是李铁在"博鳌亚洲论坛"接受网易财经记者专访的实录，2015年4月27日。

是因为我们现在有 8 亿多户籍人口的农民，还有 6 亿多的常住人口。这些农民他们在农村有土地，人均耕种的面积才 2 亩多地，如果我们要想达到一个适度规模经济的标准，至少人均得 10 亩地左右，那么我们现在还有很大的差距。如果这些劳动力释放不出来，未来我们农村的问题就没有办法解决。

第二，我们从城市来看，我觉得问题也很大。由于我们产业结构的调整，劳动密集型产业未来在整个中国国家占的比重是相对下降的，会出现特别强烈的资本和技术替代劳动的现象。我们之前也可以看到很多报道，比如说关于东莞的机器换人，广东大面积的推广机器换人；还有我们已经看到的浙江，也在实行机器换人政策。工厂为了降低劳动力成本的这种不确定性，机器换人一方面提高了它技术的能力，同时也减少了对劳动力过度依赖。

第三，就是资本替代劳动，我们现在大量企业进入以后，占用土地很多，投资很大，但是它对劳动力的吸纳程度却大幅度的降低。中国是一个劳动力十分丰富的国家，如果我们能知道我们农村有这么多劳动力过剩，大概我算了一下，现在已经有 2.5 亿转移出来，还有 2 个多亿潜在的劳动力还要出来，那我们拿什么来接纳呢？这是我们必须面对的问题，这是一个方面。

第四，还有劳动时间。中国现在已经转移出的劳动力，年龄基本在 16～45 岁，这是最佳的黄金就业期，到了 45 岁之后绝大部分都返乡，回到农村去务农。按照正常退休年龄这部分回乡劳动力有 15 年的劳动闲置期，对于工人来讲也是黄金的就业期。在就业成熟过程中，自身的技能、水平、经验都大幅度的提高，但是被闲置、被浪费了。那就是说我们还有大量的劳动时间闲置，这都是在户籍制度改革没有全面推进，我们制度的这种障碍造成的这种劳动力的闲置。

我们一方面有大量的劳动力人口过剩，同时另一方面还有劳动时间的大量闲置，我们说中国人口红利丧失的依据在哪里呢？

除了只是从眼前的劳动力价格提高，我们还可以看到空间上大量的企业从沿海地区的产业在向内地转移，向中西部地区转移。在向中西部地区转移的过程中，也可能在某种程度上使劳动力成本的上升在一定程度上得到缓解。

当然了我们也知道，东南亚一些国家劳动力的成本比中国要低很多，甚至相当于中国的三分之一，但是人口规模没有那么大，其他方面的投资环境不如中国，所以我们在判断劳动力人口红利这个大前提下，要从长远的经济结构的转型，经济发展的趋势和农村改革，户籍管理制度的改革的进展程度来综合性的判断的时候，我们得不出劳动力不足的结论，也得不出什么"刘易斯拐点"的实现，都得不到这个结论。

## 二、中国的结构性劳动力过剩会自发调整

**网易财经**：您认为现在中国的劳动力市场还是有剩余，而且劳动时间也是有剩余的。但是我们在基层了解到还是有一些结构性的问题，比如说大学生找不到工作这些老问题？

**李铁**：我们劳动力需求的反差，有受过高等学历教育的这些人反而找不到工作，这是一个普遍存在的问题，就是今年我们的大学毕业生749万，他们面临的就业就存在一个很大的问题。但是这个是需要我们通盘来考虑的。

当市场出现劳动力供给的变化的时候，我们也知道会出现顺势的过程，市场最大的特点就是不是所有的事情都是平衡发展的，任何一个市场经济国家，都会出现供给和需求在某个时段会出现反差。这个反差就意味着在一定时间内的过剩，过一段时间，自动的根据就业的需要来调整我们的教育结构，来适应这种就业的需要，产生适销对路的就业的供给者。

在中国市场经济条件下，在局部出现结构性的劳动力过剩这种波动，或者是大学生就业供给过剩，它也是必然的现象、趋势。但是它会随着这种反差在过一段时间以后自动的调整，调整的结果还是会出现新的过剩，然后这就是一个市场经济必然的结果，而不是我们把它放大到一个无法解决的问题。

## 三、服务业在中国空间巨大

**网易财经**：外资撤离和劳动力成本上升有关系吗？

**李铁**：外资撤离中国，这个肯定会考虑到劳动力成本。我正好最近跟一些国家的企业家也进行过交流，他们也提出，就是要中国的市场，而不要中国的工厂。如果他们看准中国的市场，而认为中国的工厂劳动力成本过高，那一定会把一部分企业转向其他国家。这里意味着两件事情：第一，在我们已经达到了一定的发展阶段，劳动力的价格上涨是一个必然过程；第二，我们面临的产业结构调整的一个过程，就是我们对于环境、土地和劳动力的成本的容纳、忍受程度在大幅度降低，而且我们自身也需要一部分产业调剂出去，使我们实现产业的转型更新。这个产业转型更新，不仅仅体现在工业上，还体现在服务业上。

就是当你要中国的市场的时候，那我们会给你提供更多的服务业的就业的机会，所以在城镇化率达到50%以上，接近60%的时候，就会出现服务业的高速增长，所以我们服务业还有更广泛的就业空间。发达国家整个服务业的就业比重，已经超出工业就业比重的两到三倍，甚至四倍，我们才仅仅持平，高出一点点，所以我们还有更多的空间，这就需要我们城市政策、城镇化发展政策或者产业政策都要及时进行调整。

## 四、城镇化改善国民收入差距

**网易财经**：您怎么看待城镇化在改善中国国民收入差距问题上起的作用？

**李铁**：如果农民大量的进入城市，去享受城市均等的公共服务，那么至少在二次分配上会解决原来不少问题，原来他没有享受到公共服务，医疗、教育等，这是很重要的一点。第二，大量人口进入城市，要寻求就业机会，来提供相互服务创造更新更多的就业机会，而不一定带来收入增加。城镇居民收入水平远高于农村居民收入水平，那么农民转成城镇居民，当收入水平从农业向非农产业转化，形成稳定就业的时候，收入增加基本上就会缩小城乡收入差距。

**网易财经**：目前户籍制度改革有没有一些进展？

**李铁**：户籍制度改革，《国家新型城镇化规划》已经颁布了，而且提出了明确的路线图。最近又颁布了新型城镇化试点的工作计划，大概有"三个一亿人"的提法：一亿农民转成市民；一亿是中西部就地转移，促进返乡创业；还有一亿人属于城中村的改造和贫困区的改造。这个就是整个国家的一个政策。

第一要加快户籍管理制度改革的步伐，要把整个方案制定得更为详尽，特别是强制性要求地方政府一定要解决一部分农民进城的问题；第二要因地制宜地创造更多的就业机会；第三要解决基础设施投入来源，怎么样来有更多的资金投入，对基础设施的供给，对公共服务水平进行根本性的改善，这是我们城镇化中的新问题。

# 从国情出发
## 研究中国人口和老龄化问题

## 一、站在大格局下研究中国人口发展

城镇化是农村人口进入城镇的过程,而人口问题是城镇化研究的重点。未来人口分布会有什么样的变化,进而会对中国城镇化产生什么样的影响,都是需要认真思考的问题。

### 1. 人口规模庞大是中国的基本国情

当前城镇化研究的最大弱点在于对中国人口规模重视不够,过多地关注增长速度,却忽视了人口基数庞大的事实。中国城镇化是在 13.7 亿总人口的国情下实现的,而城镇人口 7.5 亿,每年进城 2077 万人。这是世界上前所未有的。

当前经济社会发展中出现的问题也和人口有关,而且很多问题都是以人均占有量来考量,在衡量排名的时候,都是以人均占有资源量为依据。资源被庞大的人口规模平均后,就导致了再多的资源总量也几乎被稀释得所剩无几,即便增长速度再快,也难以消解这个问题。

人口研究中最核心的问题是人口规模。中国的人口总量是日本人口的 10 倍,城镇人口比欧盟人口总和还要多 2.2 亿,比日本与美国人口总和还多 2.1 亿。有着 13.7 亿人口的中国在增长中快速向中等收入国家迈进,会给世界造成更大的问题。很多学者把重点关注放在经济增长的指数和速度上,在国际比较中重点也是这些内容。但是往往忽视了人口规

本文刊登于城市中国网,2015 年 3 月 13 日。

模总量会带来的变化。同样的指数、比例和速度，放在不同的人口规模下就会产生截然不同的后果，而恰恰这些问题往往被忽视了。例如最近看到的一个关于收入的统计引起了我的联想。国家统计局统计的我国占百分之十的最高收入家庭年收入是 5.9 万；而王小鲁统计的数据，2011年最高收入家庭的年收入为 18.8 万。这部分最高收入的人口数量就相当于日本总人口的规模，且收入水平超过 3 万美金。如果再考虑 10% 的较高收入家庭，那高收入和较高收入的人口合计大约是 2.6 亿人；此外还有80% 的中低收入人群。对世界的冲击是可想而知的。所以我们看到国际上对中国的消费购买力的惊叹，实际上正是基于如此庞大的人口规模，以及经济增长带来收入增长后给世界带来的冲击。

换句话讲，我们今天经济增长给世界带来的变化，实际上也是一个庞大的人口群体给世界带来的冲击。仅仅百分之十的人口就已经使世界经济格局发生了翻天覆地的变化，如果再增加 10 个百分点的人呢？我们现在正经历着世界最大规模的人口城镇化进程，也就是说还有几亿人口要从农村进入城镇，要逐步享受这现代文明。那意味着什么？不仅意味着增加了市场的需求，同时也意味着对资源占有量的增加，而且是以上亿人口为基数，会给有限的地球资源总量带来什么？会与其他国家发生什么样的关系？我们制定人口政策时是否考虑了这些问题？

同理，我们为什么落后？为什么经常受到一些所谓"唱衰中国"的学者的诟病？最重要的原因无非是人均差距。中国需要面对的是 13.7 亿人口，而且从户籍意义上来讲是 8 亿多农村人口，受教育水平十分低，就业的情况也不容乐观，在这个基础上谈参照任何其他国家的标准、谈理想化的设计都是迈不过去的坎儿。

### 2. 劳动力长期过剩是长期趋势

现在很多观点认为，中国的人口红利已经不复存在，劳动力供给不足，将出现长期短缺，进而认为需要增加人口。我对此观点不敢苟同。

首先我认为，劳动力过剩是长期趋势，并不是供给不足，主要原因有以下几点。

（1）未来随着经济转型，资本和技术替代劳动力的趋势将越来越强。从经济发展的趋势判断，我们已经注意到宏观政策应该尽快地实现转型和升级，因为我们不能再以牺牲环境为代价、走劳动密集型的世界工厂的发展路径。可是转型升级意味着什么？意味着一定会出现资本和技术替代劳动的现象。而目前农村向城镇转移并从事非农就业的人有多少会适应转型之后的就业格局呢？未来随着高科技的实现，会大量出现技术替代劳动力的现象。因此，仍延续传统的人口红利期来解释人口问题是没有意义的，不能停留在现有的角度，应有前瞻性的趋势判断。

（2）农村并没有实现适度规模经营。当前搞经济研究的人大多对农村的情况不了解，往往从城市的角度去看农村，以为农村已经实现了现代化，所以提出了很多不切实际的想法。我们研究城镇化的出发点之一就是农村人口的严重过剩。虽然很多人提出"空心村"和"空巢村"的现象，那是因为户籍问题没有解决，改革不到位，城里人排斥农民进城。如果真的出现农村劳动力供给不足的状况，那只有在农业的劳动力得到全部释放后才可能实现。可是我们现在的人均耕地标准距离规模经营还差得很远，连"适度"都做不到。当前，我国的户籍人口城镇化率才38%，事实上的农村人口多达 8 亿人。像韩国户均耕地 1.5 公顷，日本户均耕地 2 公顷，而我国按乡村总人口算，户均耕地仅 12.3 亩，人均耕地仅 3.16 亩，考虑到户改和土改的滞后，按户籍口径计算，户均耕地约 8.96 亩，人均耕地仅 2.31 亩。如果是河南这样的人口大省，人均估计仅 1 亩多地。和日本、韩国的户均耕地规模相比，我国适度规模经营还有很大差距，如果农村户均耕地要达到韩国的 1.5 公顷、日本的 2 公顷，那么可释放的劳动力可达近 2 亿人。

"刘易斯拐点"是基于农业集约化规模经营，且农业劳动力已经转移结束的状态下才存在的。实际上，这个状态在中国压根还没有发生，因为农村劳动力没有完全转移出去，而且这还没考虑劳动力替代的现象。发达国家和中国是完全不同的制度条件，他们并没有户籍制度和土地制度的限制。所以劳动力从第一产业向第二、第三产业的转移可以完全释放，何况他们的人口规模仅相当于中国的一个零头。因此，我们认为，在中国拿着教科书理论来提出"刘易斯拐点"显然是有悖于国情的。

目前大多学者对劳动力总供给进行判断时，只看到了劳动力价格上涨，以及东部地区劳动力供给不足，忽视了劳动力全局和我国的产业空间布局问题。

（3）已转移的劳动力因户改滞后造成劳动时间大量闲置。我记得樊纲曾经提出过，我国现有劳动力的最佳劳动年龄是 16～45 岁，在城市就业的农村劳动力大多是 45 岁以后就返回农村，意味着他们还有 15 年的劳动时间没有充分释放，过早退出劳动力市场。这被闲置的 15 年的劳动力资源，其劳动年龄恰恰是技术最成熟的时间，过去工厂八级工基本上都是 45～50 岁，以及 50 岁以上的。樊纲的研究值得重视。大量流动就业人口的年龄优势、技术成熟的优势均没有充分释放出来。劳动力最佳就业时间没有完全得到释放，无法支撑"人口红利已丧失"、"劳动力供给不足"的观点。

（4）"我国劳动工资已高出东南亚和南亚的 2～3 倍"的论证也需要重新研判。

从统计上看，印度的工资相当于中国平均工资的三分之一。但是农民工的平均工资是不是已经是印度的三倍，可能并不准确。而且去过印度投资的人知道，在印度吸纳就业有特殊条件就是按照中国的标准可以用一个工人的话，在印度一定要三个工人，虽然效率低下，但这是强制规定。那么印度的劳动力成本并不存在更多优势。另一方面，近十年来，中国的投资虽然增长速度有所放缓，但总规模以及国家经济发展的状态，也是东南亚和南亚不能比的。从这方面来看，认为"我们已丧失人口红利优势"不够客观。另外，中西部就业和产业布局变化的潜力还很大。

综上所述，在宏观经济增长的格局中，在与世界上其他国家的比较分析中，我们的人口规模带来了什么？人口红利是不是未来可继续发展的优势？我们可能要科学研判。可以肯定，我国目前面临的不是劳动力短缺，而是过剩，是低水平劳动力的过剩，而且劳动力过剩将是长期趋势。而随着城镇化进程加快，国际竞争的加剧，经济波动的不稳定性，我国未来一定会面临长期的就业压力。

### 3. 对未来人口流动趋势的判断

人口流动主要涉及两类人口，一是已经在城镇就业的农村外来劳动力，其中 1.5 亿是跨乡镇流动，1 亿是在本乡镇就业。而另一个值得关注的流动就业群体就是大约 8000 万的城镇间流动人口。我们的研究发现，人口流动趋势有两个方向：一是特大城市，一是 50 万人以下的小城市和小城镇。也就是说在近 10 年中，这两组城市的人口增长速度快于其他人口规模的城市。另外，中西部地区返乡创业也是一个特点。在 50 万人以下的小城市和小城镇，之所以人口增速快，其主要原因是农民工在城市务工多年回乡后，并不是回到村里居住，而是到县城或镇上买房居住。当然他们买房还涉及农村土改、宅基地置换的推进速度能有多快。如果推进速度快的话，农民会把农村住宅置换出去，然后进城，但是这大概需要至少 10 年以上的过渡期。然而，根据我们调查，大量老人不愿意进城，一是有生活习惯的原因，二也有乡土人情的关系。

土改和户改将决定整个家庭迁徙的总趋势。如果土改推进顺利，推进得快，那农民置换土地和房屋进城后，可以享受更好的医疗服务、就业机会等，进城会加强家庭迁徙的总趋势。然而，我们也要看到当前户改和土改的推进仍存在较大难度，各地户改的态度也并不明朗。以北京为例，今年北京市进京指标的缩减，附加了苛刻的年龄限制，要求博士生研究生毕业 35 岁以下、硕士生研究生 27 岁以下，而本科生要 25 岁以下，否则没有户口指标。而且，北京市 16800 平方公里的辖区全都是执行一样的政策。该政策的目的是保北京人口的福利，北京人均公共服务供给量是河北、河南、山东的三倍，如果人口越多，财政支出就越高；另外还有对堵车等问题的考虑。因此，我们要预计到改革可能出现一些变化，但这一变化不会很快。

### 4. 对人口政策的建议

（1）人口政策一定要和城镇化相结合。在城镇化的大背景下，如果大量人口进入城市，要提供更多的就业机会，要提高人口的生活质量，必然要更多消耗资源和能源，而且随着国民经济的增长、人均收入水平的提高，与国际的竞争会越来越强烈，在资源和能源的消耗方面不仅国内存在巨大压力，面临的国际压力也是越来越强。

一要加快推进城镇化进程和推动户籍制度改革，使人口分离状态得到缓解。一方面可节省社会更大的资源，比如春运的大量流动、空巢村不能集中提供服务等，另一方面还可把游离的劳动力释放出来，进而释放服务业的就业空间。我们现在由于城市摊得过大，农村的服务业就业空间释放不出来。

二要加快推进新型城镇化相关配套政策，使人口集聚，集中地开展教育、卫生、医疗等公共服务，提高人口城镇化质量；

三是人口政策要"稳增长、调结构、适度放宽"。如果我们认同劳动力过剩是长期趋势，认同人口规模还是未来国民经济发展的沉重负担，那么相对于过去人口政策要适当放开控制，但放开不能太快。毕竟中国的人口压力过大，未来的经济和社会增长不是靠人口的优势来解决的，现在世界工厂的劳动力红利优势是要被技术所取代的，因此要增加产品价值，增加服务业就业空间。

（2）在国际背景下分析中国人口。中国是处于国际竞争中的一个中等收入国家。研究中国的人口不能就人口而谈人口，要从大的宏观经济形势、在国际背景下去分析中国人口问题。

所谓竞争，缘于世界资源总量是既定的。以粮食为例，我们每年进口约7000万~8000万吨。当前我国国内约21亿亩耕地，国外有7亿亩耕地，粮食实现11年连增。但是，土壤质量也出现很大的问题。光是农业资源，如何去和国外竞争？此外，在房地产发展的旺盛期，铁矿石等资源的消耗比重过高。再者，美国的资源消耗量是中国的7倍，如果我们达到了美国的水平，世界上其他国家、其他人如何存活？而且能源长期短缺趋势也是存在的。

因此，在国际比较的视野下，在宏观经济大格局下谈人口问题才具有参考价值。

（3）要符合客观规律、符合国情。城镇化、改革等带来的一系列问题都是"新常态"下发生的。资本和技术替代劳动力，人口家庭化和人口向城市集中，土地要素的集中都是未来会出现的"新常态"。这些"新常态"所面临的问题是在人口资源集中的情况下，如何提高资源配置效率，降低人口的消耗水平。

我国正面临着大量人口要进城就业的国情，在当前的过渡期，人口过多、资源浪费相当严重，现有管理体制下人口对资源的消耗存在很大问题。而现在一些大城市要求转移第三产业，控制人口的政策都不符合规律。因此，我们认为将来制定人口政策一定要符合规律，不能受现有利益结构所制约。

（4）是否要继续控制人口。我想这应该是一个长期国策。当年我们曾经反思批判马寅初导致多生了这么多人，如果不批判，真正的采取了人口控制政策，应该是什么样的政策，没有人认真思考。世界上也就是中国因为中央集权的体制，可以实现人口控制，还有其他的温良恭俭让的方式控制人口增长吗？我们现在已经放开了单独二胎，但是是否继续放，是否彻底取消人口计划生育政策，可能真的要负责任地进行研究。虽然城市人的生育愿望在下降，但是不等于农村人口的生育愿望也下降。而且如果放开了生育政策，农村人口继续生下去，等于为社会提供了更多的未来低素质人口负担。还有的学者鼓吹人口红利的发展条件，而忘记了世界工厂给中国带来的代价，环境问题、雾霾问题已经被广泛诟病，自相矛盾的说法从来都不负责任。

（5）要对实行计划生育的家庭进行补偿。既然每个家庭都为国家的计划生育政策作出了牺牲，政府也应该有相应的补偿。例如发放计划生育补贴，制定优生优育的公共服务政策。还有对于失独家庭给予什么样的政府补偿，特别是加大对已经失去生育能力的失独家庭的补偿力度，都应该相应出台。改革人口控制政策，实际上要强调两手，一手是严控，而另一手是补偿，这样才能体现中国特色的人口政策和人性关怀的两面性。

## 二、在中国国情下认识老龄化

谈到人口生育政策时，很多人认为中国出现了未富先老的趋势，会对我国的人口结构产生消极影响，并直接影响到未来的经济增长。当然很多研究都是通过国际比较来进行判断。当然，我对一些国际比较从来不感冒，因为脱离了国情例如人口规模、素质，脱离了发展阶段，脱离了文化等。我们还是应该站在中国国情下去认识中国所出现的老龄问题。

### 1. 中国社会中有相当一部分老龄人口，在稳定的家庭组合状态下，替代了一部分本应由社会来承担的劳动就业

很多家庭是雇不起保姆的，事实上都是由父母或岳父母帮助子女带

孩子。家庭结构中父母或岳父母实际上承担了一部分劳动力的作用。这是中国家庭化非常典型的特征。中国老龄人口已经替代了一部分就业，但这些又没有完全进入市场。这和中国稳定的家庭组合有直接关系。

### 2. 中国老龄化社会和国外的区别在于家庭组合不一样

中国的家庭组合稳定，这和世界上其他国家不同。国外老年人直接进养老院，而中国养老院办的效果远低于国际水平，有发展阶段的问题，也有社会伦理道德的约束。

中国的老年人大多留在家里，并承担了本应由社会承担的就业，实际上对就业市场是一个挤出效应。日本虽然其老龄化排在第一，但是日本70岁以上的老人还在开出租车、从事清扫、机场搬运工的工作，都是高素质的劳动力。

### 3. 农村老年人从事农业劳动等于延长了就业年龄和劳动时间

中国8亿多的农村户籍人口，产生很多空巢老人、空巢村的问题。但这在国际上并不少见，日本、韩国、欧洲在发展过程中都经历过这些。老人留在农村，承担了种地等农活，等于延长了就业年龄、劳动时间。

在日本，农村小型农机化与老龄化是相适应的。日本是山地，其国土条件呈碎片化，不像中国的平原。因此，日本不能大规模集约经营，只能是小型的农机具，实行"小型农机化"。这种农村小型农机化反而能适应老年人的劳动强度。同时，老龄化也促进了为老龄人口服务的自动化工具的诞生。在家庭小型农场，有很多适合老年人使用的自动化工具，提高了农业的技术化水平。在城市也同样。

虽然现在我国的农业机械化水平提高也较快，但是我们的问题是农产品价格过低。日本农机化造成了农产品价格高，是我们的10倍，但日本有补贴。而我们则补不起，每亩地500块钱，是无法实现农机大规模经营的。解决农村老龄劳动力就业的问题，可能要相应地推进一些其他方面的改革。

### 4. 分析中国的老龄化问题要符合中国实际

大量对老龄化的研究都参照欧美，把老龄化危机和欧美国家相提并论，这不符合中国实际情况。

（1）中国家庭的特殊结构和家庭劳动内化的特征，仍会在一定程度上延续下去。如果城镇化政策推进得更快的话，家庭分离现象会逐步得到改善，那么中国老龄化出现的问题会比欧美国家淡化很多。

（2）我国老龄化的年龄期和日本等发达国家还有一定差距。我国平均预期寿命约为 74.5 岁，日本为 83 岁。这个年龄差距大致需要几十年才能消除掉。

（3）我国劳动力过早退出就业，相当于造成未来的养老负担。原本应该 65 岁退休的，却提早到了 54 岁，提早十年由社会来承担，也造成了财政负担过大，社保账户严重亏损，必然对国家造成过重的养老负担。

（4）我国就业年限还可延长。如果退休年龄均延长 5 年，中间还有很大调整空间。

（5）老龄化实际上创造了就业的时间和社会抚养的时间。

（6）中国老龄化带动老龄产业的发展。

各种老龄服务的加强，各种老龄产品的生产，会拉动一定的内需，大致也有上千亿。

**5. 未来要提供足够的老年人交往空间**

中国的家庭活动和国际不同，有着独特的交往空间。在家庭、社区、乡土文化上衍生出来的中国集体文化在全世界是独一无二的。

在中国传统文化中，社区文化特别发达，后来住宅形式向高空发展，人们住进楼房以后，实行封闭化管理，门对门的人都不认识，也使得社区文化淡化了很多。虽然现在的小区都有老年人和小孩的健身设施，但是这并不是大规模的交往空间。于是，所有公园都爆满，而后大多是老年人。最终就演变形成了社区空间向公共空间的延伸。

因此，我们要考虑，社区的养老服务功能如何才能变换一种方式，在更大范围的空间内放大，并提供足够的老年人口的交往空间。

# 延续土地红利，促进经济增长

土地制度是国家的根本制度之一，事关经济发展、政治进步、社会和谐、文化发展和生态文明。土地管理制度改革涉及面广、利益关系复杂，牵一发而动全身，对经济社会和城镇化发展具有重要影响。

## 一、现行土地制度曾经发挥了重要的积极作用

从中国经济发展的全局看，中国特殊的土地征用制度曾经在很长一段时间内发挥了重要的作用。

（1）促进了中国经济的长期高速增长和非农就业的大量增加。中国能够实现经济的快速发展，除了劳动力等要素成本较低之外，更重要的原因是现行土地征用制度所带来的土地红利。20世纪80年代，农民在几乎没有成本的前提下，利用集体土地兴办乡镇企业，吸收了大量农民从事非农产业。后来，尽管利用集体土地兴办乡镇企业受到了越来越多的限制，但城镇政府仍可利用现行土地政策低价征用集体土地，为吸引投资几乎是零地价或者是负地价供地，如此低的工业用地价格带动投资迅速增长，有力地支撑了每年1000多万、总计2.5亿农民进城从事非农就业，大幅提高了农民收入。

（2）有效解决了城镇各类基础设施和公共服务设施的资金来源问题。我国城市的面貌之所以能够在短短几十年的时间内发生日新月异的变化，甚至能与不少西方发达国家相媲美，主要得益于现行土地征用制度所提

本文发表于国家发展改革委城市和小城镇改革发展中心内部刊物《城乡研究动态》第226期，作者为李铁、黄跃，2013年6月22日。

供的巨额土地出让收入。据统计，2001～2011年，全国土地出让总价款12.6万亿元，土地出让收益和税收达到6.9万亿元。地方政府依靠现行土地征收制度带来的红利，显著地改善了城镇各类基础设施和公共服务水平，增强了城镇综合承载能力。2000～2011年，我国城市人均道路面积由6.1平方米增长到13.8平方米，人均住宅建筑面积由20.3平方米提高到32.7平方米，人均公园绿地面积由3.7平方米增加为11.8平方米，城市污水处理率由34.3%提高到83.6%，燃气普及率44.6%上升为92.4%，用水普及率由63.9%增长为97%。

## 二、现行土地管理制度的负面影响不断增加

虽然现行土地制度曾经发挥了积极的作用，但在城镇化高速增长的今天，现行土地制度带来的负面影响也在不断增加，未来改革的难度持续加大。

（1）现行土地管理方式并未从根本上解决占地面积过大、利用低效的问题。尽管中央不断加大监管力度，出台了一系列非常严厉的政策措施，但并没有从根本上解决乱占耕地和土地粗放利用的问题。2000～2010年全国建设占用耕地242万公顷，2010年全国耕地后备资源已降至8000万。2000～2010年全国人均城镇工矿用地从130平方米增至142平方米，城镇工矿人口密度从每平方公里7700人降至7000人，粗放利用问题日益严重。2000～2010年，全国农村建设用地不减反增了203万公顷，城乡两头不断挤占耕地空间。2012年农村居民点中空闲和闲置用地规模在185万～285万公顷之间，相当于现有城镇用地四分之一到三分之一。

（2）地方政府对土地财政依赖日益严重。一些经济发达地区用于城镇建设的资金1/2～1/3来自土地出让收入，经济条件稍差的内陆城市比例更高。对于土地出让金的过度依赖，带来如下几个负面影响：一是造成城市摊大饼似地平面扩张，加大了基础设施建设和维护的成本，抬高了服务业发展成本。二是城市发展表面化、短期化、形象化，忽视了公众的长期利益，忽视了老城区的改造和关系到居民公共卫生安全的基础设施投入。三是加大了城市债务风险。地方政府以土地作抵押的大规模

融资和"寅吃卯粮"的收支格局，造成债务负担不断累积，一旦土地出让收入减少，必然引发系统性金融风险。

（3）加剧了政府和被征地农民之间的矛盾。近年来，征地规模和被征地农民数量逐年增加，2005～2010年，年度征地规模由29.69万公顷增至45.92万公顷，安置农业人口从332.79万人增至377.69万人。由征地补偿安置标准偏低、征地程序不到位、安置方式单一、社会保障不足等引发的社会矛盾不断增多，被征地农民表达诉求的方式越来越激烈，群体性事件和个体恶性案件不断发生，引起了社会的强烈反应。

（4）基础设施管理和融资的市场化改造难度不断加大。国际上城市基础设施的运转资金和投入来源取决于市场化投资主体的进入和金融的参与，而还款和收益机制的建立则依赖于政府不动产税体系的建立、基础设施的高效运营以及合理的价格机制。反观我国，城市建设基本上是依托土地财政，原来通过强行征地所产生的土地出让收益投入到城镇基础设施后，已经转化成了城镇居民的既有福利，而且有日益固化和加强的趋势，增加收费将面临城市公众的质疑和挑战，基础设施市场化改革的难度不断加大。

## 三、土地制度改革的核心思路

事实表明，从改革开放以来我们享受到的土地制度红利已经释放殆尽，而出现的负面影响已经成为经济增长和城镇化进程的严重桎梏，如果不进行相应的政策调整和大胆改革，原来曾经发挥积极作用的优势也将转化为劣势，城市发展所面临的债务危机将日益严重，未来非农就业转移的速度也会大大放缓，城镇化的持续健康发展也将难以实现。

（1）要从更加全局的角度把握土地制度改革。一是土地制度改革必须确保已经形成的经济增长机制不受到严重束缚。不能为了改革而改革，更不能以破坏经济增长机制为代价来盲目地推进改革，土地制度的改革，必须把保持并促进我国在未来20～30年内的经济增长作为全局目标。要通过改革，继续实现以较低的土地成本转移农业劳动力，进一步促进招商引资、释放经济活力，尽可能地延续土地低成本的红利。二是必须充分认识城乡利益格局固化的现实，从减轻城市阻力的角度出发推进土地制度改革。从20世纪80年代以来经过几十年的发展，土地增值收益事实上已经转化为工业和基础设施投入，转化为城市居民的一种公共福利，已经形成了城镇居民作为主要受益方的固化格局。因此，土地制度改革绕不开城市居民利益这堵墙，要从一个宏观角度统筹平衡和调整城乡居民利益分配格局，否则将面临非常大的阻力。

（2）土地制度改革的核心思路：给予农村集体建设用地平等地参与城镇开发的权利，进一步降低土地开发成本，释放经济发展活力。改革开放初期的历史经验值得借鉴，当时的农民在几乎没有成本的前提下，利用集体土地兴办乡镇企业，吸收了大量的农民从事非农产业，促进了整个经济的快速发展。现在，我们还可以进一步通过对存量土地的整合和再利用，通过赋予集体土地参与城镇建设的同等开发权，允许集体建设用地使用权出让、转让、出租、转租、抵押，允许农村集体经济组织利用集体建设用地自办或者与其他经济组织合办产业园区，通过释放土地存量、增加土地供给，进一步降低招商引资和工业开发成本，这是新时期下进一步释放经济发展活力、打造新的中国经济增长级的关键。同时，赋予集体建设用地与国有土地同等权利，还可以增加地方政府拆迁成本、遏制地方滥占土地，从而真正保障农民分享土地增值收益的权益。

（3）要通过配套改革，从制度上破除城市政府对土地财政的过度依赖，减轻来自城市方面的阻力。在现行的城市运转模式下，土地是城市基础设施建设、城市运转的资金来源，房产税是长期收入且规模有限，无法弥补短期内城市居民需求攀升的压力，所以把土地出让金断掉这种伤筋动骨的改革很难得到城市政府的支持。为使城乡建设用地同地同权具有可操作性，必须加快建立更多依赖地方税收而非土地出让的新型城镇发展筹资机制：一是构建以土地为核心的不动产税体系，降低土地出让金在政府收益中的比重。为此需要加快包括宅基地在内的各类集体土地的地籍调查和确权登记颁证，妥善解决各类历史遗留问题。探索建立农村土地和房屋出租、转让的税费收取机制，将集体建设用地上建设的自住和经营性租赁房屋纳入不动产征税范围。二是改革城市基础设施投资和运行管理体制。首先是按照市场化机制建立基础设施收费合理标准，确保企业在基础设施运营中不至于亏损或者减少亏损的压力。其次是打破地方政府对城镇市政公用事业运营的垄断，积极吸纳外资和民间资本参与，通过市场竞争，提高运营效率。最后是扩大政府资产抵押范围，盘活政府存量资产。

## 四、具体政策措施

基于以上思路，土地制度改革的具体政策措施如下。

（1）促进城乡土地同地同权。加快集体土地地籍调查，尽快完成确权登记颁证工作。鼓励地方推进集体土地股份制改革。对依法取得的农村集体建设用地使用权，允许以公开规范的方式出让、转让、出租、转租、抵押，年限可参照国有土地管理办法，所形成收益应缴纳相关税费。允许农村集体经济组织利用集体建设用地自办或者与其他经济组织合办产业园区。

（2）建立宅基地有序有偿流转机制。在充分尊重农民意愿和符合规划的前提下，允许农村宅基地及地上房屋在本集体经济组织成员之间流转。逐步探索宅基地及地上房屋向集体经济组织以外的单位、个人有偿转让。允许农民利用自有宅基地建设租赁性经营房屋。探索建立农村房屋出租、转让的税费收取机制。将集体建设用地上建设的自住和经营性租赁房屋纳入不动产征税范围。

（3）完善涉地税收、金融管理制度。探索建立不动产税制度，增加不动产保有环节成本。建立与城乡统一土地市场相配套的建设用地税制。建立税收、土地管理信息共享制度，切实加强涉地税收征缴管理。建立和规范以农村集体建设用地使用权为担保的融资管理制度。完善银行、土地联动管理制度，严格规范地方政府融资平台公司土地融资行为。改革完善城市建设投融资体制。

（4）改革征地制度，实现城镇化人地和谐。严格界定公益性和经营性建设用地，逐步缩小征地范围。完善征地补偿机制，因地制宜采取留地、留房、留物业、留股份等多种安置方式，保障被征地农民长远发展生计。探索以土地价格和房屋评估价值相结合的拆迁补偿办法。探索土地批租制改为年租制。

（5）合理调控城市用地规模，促进人口城镇化与土地城镇化相协调。强化城镇建设用地扩展边界控制，提高建成区人口密度。城镇人均建设用地已经超出用地标准的，严格控制新增用地指标。以现有常住人口为依据，确定新增用地指标在各级城镇的分配比例，上级城市不得截留。城镇建设用地增加规模要与吸纳外来人口落户规模相挂钩。允许跨县级行政区域设置城乡建设用地增减挂钩项目区。

（6）强化集约节约用地，促进城镇化转型发展。扩大国有土地有偿使用范围，逐步对经营性基础设施和各类社会事业用地实行有偿使用。探索建立政府引导、规划管控、多元参与、利益共享的城镇低效用地再开发政策体系。在符合规划的前提下，允许原土地使用权人在补缴相应税费后自行改造旧城镇、旧村庄、旧厂矿用地。支持利用旧厂房、闲置仓库等用地兴办符合规划的服务业，经批准并补缴相应税费后可采取协议方式供应。工业用地按商业用地价格补交土地出让价差后，可直接转变为商业用地。

（7）坚守耕地保护红线，巩固城镇化发展基础。加强土地用途管制，严格限制对耕地的占用。完善耕地占补平衡制度，积极探索跨区域耕地占补平衡政策。创新农田整治激励机制，继续实施土地整治重大工程和示范建设，扎实推进高标准基本农田建设。完善耕地保护补偿机制，推广以财政补贴耕地保护的有效做法，建立耕地保护基金。

# 尊重市场规律应取消限购

　　中国的改革要尊重市场的规律，不要让稀缺的资源，被所谓的低价造成严重的浪费。房地产是目前最稳定的投资需求，它取决于两方面：第一，它的资源的稀缺性决定了价格的上扬；第二，社会收入分配差距逐步拉大，永远有一批高端的购买群体。我们假设中国有 13.6 亿人口，中间有 10% 是高收入人口，那 10% 是 1.3 亿，5% 就是 6800 万，这些人对高端地产多有持久的需求，这是重要的原因。因此，一、二线城市房价上涨还有空间。但是，由于摊大饼的原因，会导致四、五线城市，特别是城镇地区再继续发展房地产，财政压力就会崩盘。

## 一、取消限购，提高土地利用率

　　怎么办呢？改革！中国的改革要尊重市场的规律，不要让稀缺的资源，被所谓的低价造成严重的浪费。其实谁是限价最大的受益者？第一是未来的买房人，第二是卖房的地产商，第三表面上是城市土地出让金，实际上是城市的户籍人口。取消限购的政策，就意味着认同房价上涨市场化的规律。在这个规律下，政府才可以通过税收等措施，拿出更多的资源解决公共服务的问题。

　　另外是要提高城区稀缺土地资源的利用效果。一些城市把自己搞成所谓的生态城市、绿色城市，在摊大饼，形成了土地的严重扩张，搞几千亩的大广场，几平方公里甚至十几平方公里的生态公园。有的城市并没有这么大的需求，这些土地资源却造成严重的浪费。

　　本文刊登于《房地产导刊》2013 年第 9 期。

## 二、房价上涨的声音非真实

同时，还需要确保基础设施投资的有效供给，这是空间上合理配置公共资源。既然优质公共资源的过度集中，导致了房价的上涨，通过市场的规律，或者行政的引导，使一些优质资源向中小城市相对均匀的分布，也会合理疏散人口和遏制房价的上涨趋势。

对于房价上涨，很多呼声特别强烈。但是我认为是一个非真实的呼声。很多老百姓买不起住房，一方面希望中国经济按照市场化的方式运行，另一方面还希望政府按照传统的计划经济体制保障他的福利供给，因此就形成了强烈要求政府降低房价的呼声。改革就是在这种形势下面临举步维艰，导致了我们对房价、房地产政策的判断出现了误区。

## 三、"租"比"买"更有市场

空间资源再分配，可以解决这些急于购买住房人的需求，可以远一点，但是要改变交通的状况。原来高速公路连接中小城市，现在要建设轻轨，就是在相对远的地方，增加中低收入购房的供给。另外一方面，要加大租房的力度。进行户籍制度改革研究的同时，我们认为人口的流动、就业和居住，任何一个市场经济国家是一个常态。我们不能通过所谓的改革，去强化保障房的福利供给，来把这种流动的常态，通过传统的体制，打着改革的旗号给它固化，这是我们改革面临的问题。本来这个市场既有买房，又有租房，恰恰面对 13.6 亿人口，我们还要通过福利化的方式供给，既违背了市场规律，也不符合我们中国的国情。

因此，在买和租这两种政策选择下，租是更有广阔市场的。全国 2.6 亿农民工和 7000 万城镇流动人口，绝大多数人口是在以租的方式在城镇居住。北京房价高，农民工租房价格 200 到 500 元，可以生活得很好。因为消费价格低，所以在租的过程中有更多的选择。例如，可以引导民间资本，甚至在集体土地用地上进行改革，利用存量用地建造公共租赁房，政府加强设施的配套建设，完善租房体系。就是未来的住供给，应该形成以租为主。因为中国的城镇化不是富人的城镇化，不是锦上添花，是雪中送炭。2.6 亿的农民工进城，不可能有钱到城里买房，绝大多数会以租的形式在城镇里定居、就业、生活。我们提出稳定的居住条件并没有涉及买房还是租房，只要是租，也可以构成稳定的居住条件。那就意味着租房的市场、租赁市场的供给，也会为房地产业开辟一个广阔的空间。

# 改革并不像想象中那么容易

9月11～13日，2013年夏季达沃斯论坛在大连举行，本次年会以"创新：势在必行"为主题。11日晚，腾讯财经举办"达沃斯主题酒会"，邀请政府官员、企业家、经济学家、国际投行人士畅谈中国经济改革。

李铁表示，如能真正解决制度改革问题，那么就真的会带来需求，但事情又不是如想象的这么简单，这只是理论上的判断。政府压低要素价格是推动经济增长重要的因素，这不是完全由市场决定的。所谓城镇化的改革也从此而起，压低成本到一定程度就会出现问题。所以可以看到土地财政推动了房地产的发展，而转化来支持工业的亏损以及对城市基础设施投入，这是城市发展的过程。

李铁指出，当城市的成本高到某种程度时就变成了一个不可逆的过程，第一个不可逆是农民进不来，也没有地方安置；第二个不可逆是土地财政撑不下去；第三个不可逆是等级化的优势不能放弃，因为我有等级体制、有高级配置资源的能力，才可以调动资源。这也就涉及推进城镇化改革所面临的重重阻力。

李铁还指出，改革并不像想象中那么容易，涉及利益的调整。在利益调整过程中不仅要动部门的利益，还要动地方的利益，而且还要动老百姓的利益。

"真正落实户籍制度改革才能真正促进消费，真正落实土地制度改革，就可以继续压低成本还不用搞房地产开发，同时也可以遏制占地的强烈动机。"李铁说。以下是访谈实录。

---

本文发表于腾讯财经，2013年9月11日。

先讲为什么提出城镇化，这其中肯定有一个很大的内在需求。农民工要转向城市，如能真正解决制度的改革问题，那么就真的会带来需求，比如住房、基础设施、消费、福利以及教育的需求。但事情又不是如想象的这么简单，这只是理论上的判断。因为早在1998年亚洲金融危机出现问题的时候，我们就已经提出了城镇化。这点可能很多人都没有看到。

现在的城镇化率这么高实际上反映的是什么？反映的是非农就业度。从2010年到2012年，每年有两千万人进城从事非农就业。中国经济和国际经济不是完全一样的，不完全是市场的力量。中国经济破除了很多次金融危机还在保持增长的主要因素，是政府作用。政府作用在哪里呢？压低要素价格，这就是劳动力成本、土地成本、环境成本，尽管现在看到了劳动力成本上升，但是没有看到政府如何压低土地价格，还有压低环境成本。

我举个例子，因为很多学者不了解地方政府。昨天我跟一个国际著名的最大企业家研究院院长吃饭，他们在西部地区投资。政府给了什么条件呢？零地价。零地价其实并不简单，农民的拆迁成本谁来付？基础设施的投资成本谁来付？拿土地可以作为抵押贷款，企业是白拿的。然后还有五年的退税。这么大的条件，土地就这么给他了。

是一个企业这么做吗？所有的企业、所有的政府都在这么做。

我们很多人分析劳动力价格，为什么越南的劳动力、东南亚的劳动力已经远远低于中国。可是去年中国国际投资金额创历史最高水平，达到一千亿以上。政府压低要素价格是推动了经济增长非常重要的因素，这不是完全由市场来决定的。我们研究中国的经济问题，不研究中国政府的行为，对经济增长的助推行为，我们肯定得不出政策的结论。所以看衰看涨，重点看中国的优势在哪里。上届在冬季达沃斯印度几个部长讲我们实在做不到中国这样压低成本。

所谓城镇化的改革从此而起，压低成本到一定程度会出现问题，压低成本拿什么来补呢？压低劳动力价格、土地价格怎么发展呢？同样还要压低价格来获取最大的土地收益。所以我们看到用土地财政推动了房地产的发展，转化来支持工业招商的亏损以及对城市基础设施的投入，这是城市发展的过程。

一方面，用城市发展去吸引劳动力就业，拿税收来促进财政增长。另一方面去土地开发，去建高档房地产，因为没有土地出让金。再看我们这个城市还能不能容纳外来人口。

我们看户籍制度改革和土地制度改革还能进行下去吗？研究经济增长的时候已经得到了很多红利。当然这个红利现在遇到问题，遇到了大量的土地出让金和房地产绑在一起，已经成了公共福利。

在这个构成中所有的经济成本、城市成本都在上升。我举个最简单的例子，今天看到达沃斯论坛的会场，大连有一个达沃斯论坛的会场，我们花了二十亿又建一个会场，所有地方政府都在这么干，都在这么投入，没有成本，然后都这么搞房地产，卖得出去吗？当成本高到这种程度的时候是一个不可逆的过程，第一个不可逆是农民进不来，没有地方安置。第二个不可逆是土地财政撑不下去。第三个不可逆是这种等级化的优势不能放弃，因为我有等级体制有高级配置资源的能力，才可以调动资源。就涉及我们推进城镇化的改革就面临着重重的阻力。

你们可以想象改革是那么容易的吗？是要涉及利益的调整。我是比较有资格说中国所有改革，对中国改革我也有较多认识。从 80 年代在体改委到体改办到发改委，像我这样的人也没有几个。利益调整过程中不仅要动部门的利益，还要动地方的利益，还要动老百姓的利益，不是一个简单的动。

我们怎么样来判断这个城镇化进程，当然我想政府也有最大的红利。真正落实户籍制度改革能够真正促进消费，真正落实土地制度改革，就可以继续压低成本还不用搞房地产开发，也可以遏制强烈占地的动机。推进行政管理机制改革可以释放活力，问题是我们看透了没有？我觉得很多人都没有看透。没有看透能不能做？怎么做？谁来做？这就是我给大家提出的一个问题。

# 政府人为压低成本
# 维持了中国经济 30 年高速增长

"2014 夏季达沃斯论坛"（新领军者年会）于 2014 年 9 月 10～12 日在中国天津召开，论坛主题"推动创新创造价值"。"新常态新机遇——夏季达沃斯主题晚宴"由《财经》杂志主办。以下内容根据李铁发言整理而成。

中国经济过去 30 年的增长靠什么？很多人归结为市场的作用，许多发展中国家都是实行市场经济，为什么经济增长速度一直缓慢？如果我们说中国的经济增长是靠创新，可能也未免过于牵强。为什么没有创新还能实现高增长，是因为我们作为"世界工厂"的角色，而成为"世界工厂"的前提是我们以"低成本"的姿态出现。中国经济增长的一个现实，就是政府人为地压低了成本，过去是土地成本、劳动力成本和环境成本，而现在压低土地成本已经是维持增长十分重要的前提。

## 一、三项低成本共同构筑了经济增长的基础条件

大部分经济学家更多的从西方经济学的研究角度入手，过多的关注了中国的劳动力成本，而提出劳动力和人口红利正在逐步丧失。其实很长时间以来，中国的劳动力优势已经不再。因为我们的工资成本已经大大超过了南亚和一些东南亚国家。可是为什么劳动力成本优势在丧失，而经济仍然还在增长，而且是在很少创新的前提下。其实对于很多经济

本文发表于财经网，2014 年 9 月 15 日。

学家都忽视了一个重要的因素，就是促进经济增长的成本要素，还有土地成本和环境成本。这三项低成本共同构筑了经济增长的基础条件。例如同样是在达沃斯，我接触到印度政府官员和企业家，他们十分羡慕中国，认为中国政府在调动资源特别是土地资源的能力方面，远远超过印度。

中国经济增长的一个现实，就是政府人为地压低了成本，过去是土地成本、劳动力成本和环境成本，而现在压低土地成本已经是维持增长十分重要的前提。这说明什么？说明中国的经济增长的推动力不仅仅是靠市场，政府的作用是不可替代的，应该说中国经济增长的特色是政府和市场共同发挥的作用，这是在我们所有的经济学研究中被大大忽视的，也是之所以中国可以维持三十年高速增长的最重要的原因。

## 二、资本和技术替代劳动的现象已经发生

对于最近许多经济学家都在提到劳动力红利的丧失，认为未来会出现劳动力供给不足的局面，对此，我并不认同。

他们只是看到眼前的变化，忽视了在基层和企业发生的现实。虽然劳动力成本在上升，但是国际经验和经济规律已经证明，未来的增长如果要是通过创新实现的话，资本和技术替代劳动的现象一定会发生，而且已经在发生。我们在广东的顺德调查，仅美的电器一家企业从德国引进了5000台机器人，每一个机器人可以替代三到五个劳动力。在浙江的一些小城镇政府开始推广"零地技改"和"机器换人"的经验。充分证明了资本和技术替代劳动力已经成为不可避免的趋势。当然，地方政府仍在通过户籍管理制度，降低对外来人口的公共服务来降低劳动力成本，这种制度仍然在长时期内会发挥作用。

## 三、政府过去拿地太便宜影响了服务业发展

关于土地成本问题。从20世纪80年代以来发展起来的很多工厂，虽然十分传统落后，但很大一部分仍然滞留在城乡接合部，难以置换。原

因是置换的成本越来越高。从国际经验上看，按照工业化发展的模式，需要的是降低土地成本。不仅仅工业发展要降低土地成本，城镇化建设中城市之所以大幅度扩张，非常重要的一点，也是因为土地制度的问题造成的。因为政府过去拿地太便宜，也直接影响了服务业的发展。中国的服务业发展比重非常之低，城镇化率已经达到53.7%，但是服务业和工业比重相当。而且在许多特大城市和大城市，除了仅有的几个城市，如北京等，服务业占绝对优势，即使是上海，服务业占比和城镇化率也不相对应，工业仍占比过高。而且在珠三角和长三角一些城市，城镇化率已达到90%，工业比重仍占60%~70%。过去低成本提供土地的招商引资，然后房地产形成的高额土地出让金来补偿的发展模式，导致了城市面积过大，基础设施成本过高，严重制约了服务业的发展。由于就业结构转换的滞缓，会导致我们发展受到严重的制约。

## 四、低成本竞争力不可持续，改革措施难出台难落实

"老常态"形成的这种竞争力，低成本压低环境和土地，靠政府，而不是市场，目前已经不可持续。我们去浙江调查，炒房，买一套房子的获利，等于中小企业一年甚至两三年的收入和利润，这种情况谁还去做企业、做创新？目前由于房地产的衰落，导致能源和各种资源需求的下滑的趋势也特别明显，因此逼着经济结构转型。

转型意味着靠什么来拉动需求，是靠强刺激还是靠改革？所以如何认识"老常态"，如何实现向"新常态"的转变，怎么推进改革降低城市发展成本，来提供更多的就业空间，这是最值得研究的问题。目前许多口号，高高举起，轻轻放下。各种利益结构调整，政府政策在向适应市场的角色转化过程中，也面临着政府利益的强烈挑战，使得很多改革措施难以出台，出台了难以落实。所以从"老常态"向"新常态"的过渡，如何研究"老常态"，对实现"新常态"的可能性，怎么降低经济发展成本，怎么推进改革，激发市场活力，既是"新常态"的动力，也是"新常态"面临的挑战。

# 对土地财政的过度依赖
# 导致金融面临风险

城镇化涉及很多方面，现在国家颁布了城镇化改革的相关意见，也在提出其他方面的改革试点。这个和城镇化的新路径有什么关系呢？

第一类，进城的 2 亿多农民工，没有户口，他们在城里消费会受到一系列的限制。还有土地制度的改革，到 2020 年我们将有 3 亿多在城市里生活的农民工，但他们在农村的土地闲置着，要不要把土地、宅基地通过要素流动的方式进行交换？这个现在也有很大的限制。

第二类，涉及 13 亿多人口的消费问题怎么和金融发生关系，是人们比较关注的一件事情。

第三类，也是城镇化一个重点，就是各级地方政府关心的事情，金融机构如何大量的参与到地方政府改革发展当中。

为什么土地制度改革难以推动？为什么地方在基础设施的管理和投入上举步维艰？就是在整个城市发展过程中地方政府对土地的过度依赖，导致金融机构面临着巨大风险。

比如说房地产的风险。房地产的风险来自于哪里？首先来自于政府，一个很普遍的现象，中等城市的房地产风险非常高，大量的县城、地级市囤积着大量住房卖不出去。原因是什么呢？因为政府所有的基础设施投入的来源基本上靠土地。我们研究整个地方政府的投入资金、土地和金融关系，实际上核心问题在于土地。为什么地方政府特别热衷于去开发房地产，去推动土地的招商引资？它有两个利益中心，第一个要解决财政税收，第二个要解决基础设施建设。现在城市面貌变化非常快，但

---

本文根据李铁在首届"齐鲁峰会 2014"会议上的讲话整理，2014 年 9 月 7 日。

是这种形势能持续多久呢？

地方政府一旦要解决招商引资的土地出让问题，必然要通过大规模开发房地产来获得大规模的土地出让金，结果是导致土地出让金收益大幅度增加，但是城市摊的面积也越来越大，基础设施的成本越来越高。在这种情况下，当房子卖到一定程度的时候，必然会面临压力。一旦把土地出让金断掉，很多地方政府未来的基础设施建设、未来的债务负担肯定会面临大幅度的崩盘。如果不断掉，现在的发展模式就会导致城市规模越来越大，基础设施管理的难度和成本越来越高，也是面临非常大的难题。

怎么来破解这些问题？仅从金融机构的改革恐怕非常难以解决。国务院颁布的国家新型城镇化规划中，特别提出要允许民资、外资进入政府垄断的行业，这是第一件事。但解决了这个问题还不够，第二，还要允许把一些政府的资产抵押给金融机构、企业来获取资金来源。第三，要建立止损机制，原有规划做得很大，通过止损机制，降低未来可能的投入成本。第四，要进行价格改革。如果政府还是大量补贴地方居民的福利和各种政府投入，恐怕没有任何民资、外资愿意进来亏本经营。

所以，金融体制的改革和地方的税收政策、发展政策、城市规划政策都联系在一起。怎么样来推进城镇化的金融改革，钱从哪里来，恐怕要解决未来地方政府发展中的资金来源和各种风险问题。虽然这个问题已经提出来了，但是距离进一步的推进和操作还面临非常遥远的距离，核心在于地方政府能不能把长期发展的目标回归到可持续的低碳发展上。这可能要学习国外的经验，使我们的城市走上低碳发展的道路。

我想在未来金融改革的过程中，在地方政府的发展过程中，有一条路径比较容易操作，那就是在新的社区建设中，实行跨界经营，社区和互联网金融进一步结合，来带动社会发展，这也是我们推动的智慧城市项目。在跨界经营过程中来改进地方政府的管理，发挥21世纪高科技和城镇化的结合，实行智慧、低碳、方便的发展路径，调整地方政府的结构，进行一种新的探索，我觉得在青岛可以进行这种实践。

# 新常态、新机遇和新挑战

在"新常态、新机遇"下，最好还要加一个"新挑战"，因为事情不像我们想象的那么理想化。十八大提出了所谓新型工业化、新型城镇化、农业现代化和信息化，现在加了一个"新常态"，所有事情我们都期盼它是新的，但我们忘了我们还面临一个旧的主体。所谓旧，就是以往传统的发展模式。我们怎么来面对，如果没有把"旧"研究透，恐怕我们就无法去面对"新"，我们可能就会面临更多的困难，这就是所谓的"新挑战"。

从中国经济增长模式来看，很多人都把过去30多年的功绩归结于市场，但是不是所有走向市场经济的国家都会有这30多年的高速发展机遇呢？我想不一定。分析中国这30多年整个经济增长一个最大的特点，就是成为世界工厂不是靠科技创新，而是它的发展成本比较低。很多人谈到廉价的劳动力成本，可是忽视了我们最大的廉价成本还有一个是世界上其他所有国家都不具备的：廉价的土地成本。

一个市场经济的国家，它的一个基本要素原则是要增加企业的活力，这是要靠市场来决定的；可是提供廉价的成本，在中国是要政府来决定的，政府通过它特殊的职能来压低要素的价格。我们这个压低的过程到目前为止已经面临了挑战，因为这个时代已经过去了。

我们现在面临着成本上升的问题。首先，是劳动力成本在上升，中国的劳动力价格已经是东南亚国家和南亚国家的两到三倍，所以我们说，人口红利在逐步消失。其次，我们的土地价格也在上升，过去这种廉价的、低价的，靠剥夺农民土地的模式，现在面临严峻的挑战，政府在和农民谈判的过程中面临越来越多的困难，不仅有农民自身的抵抗，还有

本文根据李铁在"2014 网易夏季达沃斯之夜主题论坛"闭幕致辞整理，2014 年 9 月 15 日。

社会舆论的谴责，这种成本已经是现在政府没有办法承受的了。

在这种情况下，我们的政府，特别是地方政府，寻求一种再继续通过提高土地价格，通过房地产发展来进行积累的模式，就面临着巨大的压力。在依靠房地产为主体的发展过程中，债务越来越严重，房子卖不出去了，收入基本没有了；另一方面环境成本、土地成本、劳动力成本都在上升，越来越不可持续了。

在这种政府和市场双重作用的过程中，我们如何实现转型，如何实现继续增长？一是要继续解决怎样降低企业发展的成本；二是怎样刺激要素主体增长的活力；三是怎样提高资源的配置效率，减少过多的浪费。我想，这是我们所谓"旧常态"向"新常态"转型过程中必须要解决的三个问题。

降低成本是能做到的。我们要进行改革，如果把土地的使用权真正交还给农民，政府就可以降低拆迁成本和社会成本。我们在全国调查，发现大量农民办的产业园区效率非常高，但这需要进行土地管理制度改革。而降低劳动力成本，提高劳动力技能，恐怕要通过加强政府的公共服务来激发，通过户籍制度改革来进行。

第三，提高资源的配置效率，要使过去30多年政府政绩行为、短期行为下积累的巨大权力，不要再乱作为，这也是要通过改革来进行的。

这可能就是我们"新常态"所面临的挑战。为什么要说挑战呢？因为我们面临传统政府的利益的阻抗，这种阻抗不像我们想象得那么简单。十八届三中全会已经提出了一系列改革政策，很多问题还需要进一步落实。有很多争论，也有种种原因，但更多是存在着观念和利益上的挑战。要实现"新常态"，必须要越过"新挑战"这个门槛，而解决新挑战，必须要通过改革来进行。我们看到十八届三中全会已经提出了一系列的改革目标，但它要有现实路径，要有强有力的不怕踏地雷阵、不惜断腕的决心，同时要面对软抵抗。

在这种我们所谓机遇和挑战并存的状态下，怎么来实现降低成本，激发活力和提高资源配置效率，是我们要研究的一个非常重大的课题。改革，只要第一步走出去，开弓就没有回头箭。在"新常态、新机遇"主题下，我希望更多正视"新挑战"，以便进一步触发倒逼机制，推进改革。

# 三大区域战略和新型城镇化相辅相成

**李铁:**第一,我们讲的"一带一路"肯定不是农业的"一带一路",我们讲的"一带一路"一定是建立在二、三产业发展和交通基础设施配置基础上的"一带一路",但二、三产业发展一定不是分散布局,而一定是向城市布局。所以,在"一带一路"每个节点上的城市发展,就形成这个战略的基础格局。

第二,长江经济带同样不是一个"村村点火、处处冒烟"的经济带,也不是一个农业经济带,是沿着长江黄金水道、覆盖东中西三个具有不同发展水平的区域、平衡关系下的经济带。它以城市为节点,来决定人才的分布、基础设施的分布。

第三,京津冀协同发展更是如此,因为京津冀面临的是在经济一体化过程中怎样解决人口重新分布的问题。特别是,河北在城市化率相对滞后的情况下,怎样提高城镇化水平和非农就业水平?在这个格局下,产业的重新布局,到底向哪些城市集中?是向特大城市集中,还是中小城市集中?回过头来还是城市化和经济的问题。

所以,三大区域发展战略和新型城镇化战略是相辅相成的关系。宏观战略提出来后,落实的节点一定在城市,问题是要素向哪些城市去?人口向哪些城市去?产业向哪些城市去?那么,这些取决于哪些环节?一是市场,二是交通资源的配置,三是宏观政策的制定,四是整个区域的再平衡。未来的活力,取决于怎样通过改变这四个环节,来吸引更多的要素向这个区域聚集。

在这种格局下,我们在研究三大区域发展战略问题、制定宏观发展

---

本文是李铁接受央视财经记者专访的实录,2015 年 4 月 17 日。

战略的时候，一定不能忘记了微观主体。在这三大区域里有成千上万个城市，他们如何发挥作用？区域里的人口在经济增长和产业布局的变化过程中倾向去哪些城市寻求生活空间？与他们的需求相适应的产业又是什么？在这种流动的状态下怎样再配置基础设施？这些是没有办法回避的问题。

所以研究三大区域战略必须要有新型城镇化发展的基础，而新型城镇化的基础又决定了未来的城市发展导向：第一，是走数量扩张型的增长，还是走自然集约型的增长？第二，是以市场为依托发展，还是靠政府无序竞争、浪费资源发展？所以，研究三大区域战略的时候，更要研究新型城镇化，更要研究在这种城市发展导向过程中，如何根据不同地区发展情况来制订发展战略，调整产业结构，实现以人为本、绿色、低碳和生态的可持续发展？怎样利用最好的技术来实现城市治理创新？怎么通过改革释放微观主体的更多活力，为三大区域发展战略打好制度性的基础？这些都是非常重要的。

**记者：**在您看来，三大区域战略所提出的城市群，包括经济带，是否是未来中国新型城镇化人口的聚集地带，是否会出现这样的情况？

**李铁：**首先，无论在哪个经济带和经济区里，都有不同规模的城市群。这些城市群以什么形态存在，是以一个平衡的状态发展，还是不平衡的状态发展，这是要尊重经济规律的。世界上城市化是不平衡发展的，当某一个城市在一个阶段中过度发展，而到另一个阶段又产生一系列城市病的时候，它会以逆城市化的方式向周边进行辐射。

所以，我们在设定这三大区域城市群的时候，有几个因素一定要考虑。第一，这些城市一定是在不均衡的发展过程中，而不是每个城市都有同样的发展水平；第二，决定这些城市发展的最基础的条件是基础设施如何配置，主要是交通基础设施，包括水路、高速公路、航空等，怎样配合不同的人口来进入这些不同规模的城市。第三，要具备市场，因为市场决定人是选择向大城市去，还是向中小城市去，也决定了其生活成本和就业机会。我们想象一个城市发展，为什么有的城市人口多呢？因为这座城市有充裕的就业机会。为什么有的城市生活成本那么高，还有那么多人往里去呢？因为在城市就业的收入远远高于生活的成本。人口向城市聚集，一定是根据市场的需求、根据个人的需求来进行选择的。

在这个过程中，一些人可能去特大城市，一些人可能返回家乡创业。那么一些城市要进行改造，恰恰就符合了我们新型城镇化战略中提出的"三个一亿人"目标，特别是涉及中西部地区就业创业的问题。但最关键的问题是，在新型城镇化规划中提出的以市场为导向的改革措施，及以人为本的户籍管理制度改革、土地管理制度改革等等能不能有效跟进？如果这些没有及时推进，那城市活力就没有办法得到发挥。如果城市发展导向还是继续盲目地浪费资源，导致大量的政府公共资源被耗费掉，那发展的机会也会大大丧失。所以无论是三大区域发展战略，还是新型城镇化战略，当前所遇到的最大问题是改革措施能不能落实到位。

# "旧常态"向"新常态"转型
# 要靠改革创新

## 一、压低成本超常规发展的"旧常态"面临挑战

常态是什么？过去 30 年在很少创新、技术含量不高的情况下，为什么还能实现高增长？因为政府人为的压低了成本。

第一是劳动力成本。现在劳动力成本在上升，如果实现了创新，资本和技术替代劳动力的情况一定会发生，这已经成为不可替代的趋势。

第二是土地成本。很多工厂仍然在城乡接合部，按照工业化发展的模式，是因为土地成本低。低土地成本也是导致城市建设大幅度扩张的非常重要的一点原因，也导致服务业发展比重非常低。政府为了招商引资提供低成本土地，然后通过房地产来弥补成本。这种发展模式一定会有严重的瓶颈期。

这是所谓的"旧常态"，它形成的竞争力一方面是靠政府压低劳动力、环境和土地的成本，另一方面靠市场的推动。但是由于房地产下滑及能源和各种资源需求的下滑特别明显，所以现在被逼着转型。转型意味着就要改革，从"旧常态"向"新常态"的转变，要推进改革，推动更多的就业空间。现有的一些改革政策能不能刺激"新常态"的产生，这是最大、最值得研究的问题。各种利益结构调整，政府的角色转化过程中，使得改革难以进行。"旧常态"向"新常态"转型，需要对"旧

---

本文根据李铁在"2014 夏季达沃斯《财经》主题晚宴"和"网易财经主题论坛"上的发言整理，2014 年 9 月 15 日。

常态"的清晰认识，要把握"新常态"未来的可能性，怎么降低发展成本，怎么推进改革，既是"新常态"的动力，也是"新常态"面临的挑战。

## 二、"新常态"要通过创新、改革来带动增长

经济结构要调整的内容特别多，包括产业结构是不是要调整，就业结构是不是要调整，增长方式是不是要调整，发展模式是不是要调整，刺激增长的政策是不是要调整？过去的十几年中，我们经常会遇到经济的波动，遇到波动后，到底是让市场解决，还是政府投入进行刺激来解决？特别是2008年，经济出现了波动，几乎达到了历史的最低点，采取什么样的方式来继续保持经济的稳定增长，在整个政策研究和咨询的过程中发生了很大争论。传统惯性是通过政府投资来刺激经济增长，新的方式下，是不是不要对经济增长速度放慢过于担心，是不是可以允许经济下滑，在下滑过程中让市场自动发挥矫正机制，通过改革的政策使经济增长模式发生转变？

很多人太过于理想化，寄望于完全按照市场的方式解决经济波动。在市场经济和准市场经济国家里头有一个巨大的区别，市场经济体在发生波动的时候，政府更多运用宏观的杠杆调整，这个过程是非常缓慢的，从谷底恢复增长过程中，可能效果并不是非常明显。中国的一个特点是政府和国有企业调动资源的能力很强，一旦发出行政命令，可能会立竿见影发挥效果，但同时也会带来很多长期的负效应。所以在应对这次经济波动过程中，可能提出很多新方法，比如说，怎样拉动内需，怎样推进城镇化改革及各个方面的改革来调整结构，把各种短期行为转化为一种长期的结构调整，这恐怕是政策的出发点。

为什么过去我们对经济下滑有很大的担忧呢？主要是担心对就业的影响，因为不仅仅要解决农村人口非农就业，每年还有六七百万大学生也要面临就业的问题。过去十年一个执政的思想就是"发展是硬道理"，通过发展来掩盖社会的矛盾，这十年虽然我们的经济高速增长一直在维持，发展的过程仍然在延续，可是社会矛盾累积到今天已经出现了一个

非常非常重要的时点，如果不解决这些累积的矛盾，恐怕这个社会要面临着危机。

我们要为过去十年来买单，那肯定不能用过去这种以发展的方式来缓解矛盾的过程刺激经济增长，所以我想，到目前为止，可能从中央政府和各层面上，在提出各种经济政策的时候，一定要回避过去的方法和手段。至于选择什么样新的方法和新的手段，恐怕不是一天两天能见效的，就是因为我们所有的地方政府在按照传统模式运行，积累的一些地方债务和风险也在逐渐显现。

比如说房地产，只讲原因和结果关系，没钱去哪儿买房盖房？钱从哪儿来？不是通过盖房子来钱，是要有各种不同的就业，不同过程的技术创新和生产，才有钱盖房子。如果我们把盖房子当作原因，把其他的当作结果，那这个社会就要崩溃了。现在出现的问题是，当增长的动力和机制都没有了，房地产还在不断的发展，买房的钱已经没有了，那问题就出现了。所以，"新常态"就是怎样解决在经济增长过程中的经济机制问题，怎么样更多把通过创新和产业发展带来的结果转化为收入。有了收入，我们才能谈到第二个问题，才要买房子，这是一个经济循环前因后果的关系。农民想盖房子，光种地卖粮食那点钱他只能盖很破的房子，只有从事了非农产业，他才有钱回家里盖好一点的房子，这就是原因和结果的关系。

现在整个经济发展的支柱房地产业的下滑，影响了整个经济链的断裂。这两天和日本企业界打交道，我才知道日本所有制造业，他们最鄙视的就是房地产业，房地产业在日本是最受歧视的产业，可是中国的房地产业现在是支柱性产业，也是最牛的产业。为什么日本曾经有过高速增长，它的制造业扩张非常之快？这和日本的经济增长模式有直接的关系。

所以，我们怎样来面临这种痛苦的危机，怎么面对房地产业的下滑对整个经济形势、产业链的断裂带来的负面影响，怎么样把它转换成通过创新、改革来带动新机制下的增长，虽然方法很多，但到目前为止我觉得有一些很大的担忧：第一，改革政策能不能到位，到位以后能不能落实？第二，我们适应调整的时间有多长，我们怎样来面临现在这种复杂的环境？不要寄希望于一瞬间解决问题，但是我们又面临着国民迫切希望立竿见影看见成果，会对政府带来极大的压力。

当前所谓的"新常态、新机遇"，口号是提出来了，但"旧常态"的问题还没有解决，还在延续，所以这个转换肯定是一个痛苦的过程。

## 三、"新常态、新机遇"转型下的"新挑战"

在"新常态，新机遇"下，最好还要加一个"新挑战"，因为事情不像我们想象的那么理想化。十八大提出了所谓新型工业化、新型城镇化、农业现代化和信息化，现在加了一个"新常态"，所有事情我们都期盼它是新的，但我们忘了我们还面临一个旧的主体。所谓旧，就是以往传统的发展模式。我们怎么来面对，如果没有把"旧"研究透，恐怕我们就无法去面对"新"，我们可能就会面临更多的困难，这就是所谓的"新挑战"。

从中国经济增长模式来看，很多人都把过去30多年的功绩归结于市场，但是不是所有走向市场经济的国家都会有这30多年的高速发展机遇呢？我想不一定。分析中国这30多年整个经济增长一个最大的特点，就是成为世界工厂不是靠科技创新，而是它的发展成本比较低。很多人谈到廉价的劳动力成本，可是忽视了我们最大的廉价成本还有一个是世界上其他所有国家都不具备的：廉价的土地成本。

一个市场经济的国家，它的一个基本要素原则是要增加企业的活力，这是要靠市场来决定的；可是提供廉价的成本，在中国是要政府来决定的，政府通过它特殊的职能来压低要素的价格。我们这个压低的过程到目前为止已经面临了挑战，因为这个时代已经过去了。

我们现在面临着成本上升的问题。首先，是劳动力成本在上升，中国的劳动力价格已经是东南亚国家和南亚国家的两到三倍，所以我们说，人口红利在逐步消失。其次，我们的土地价格也在上升，过去这种廉价的、低价的，靠剥夺农民的土地的模式，现在面临严峻的挑战，政府在和农民谈判的过程中面临越来越多的困难，不仅有农民自身的抵抗，还有社会舆论的谴责，这种成本已经是现在政府没有办法承受的了。

在这种情况下，我们的政府，特别是地方政府，寻求一种再继续通过提高土地价格，通过房地产发展来进行积累的模式，就面临着巨大的压力。在依靠房地产为主体的发展过程中，债务越来越严重，房子卖不出去了，收入基本没有了，另一方面环境成本、土地成本、劳动力成本都在上升，越来越不可持续了。

在这种政府和市场双重作用的过程中，我们如何实现转型，如何实现继续增长？第一，要继续解决怎样降低企业发展的成本；第二，怎样刺激要素主体增长的活力；第三，怎样提高资源的配置效率，减少过多的浪费。我想，这是我们所谓"旧常态"向"新常态"转型过程中必须要解决的三个问题。

降低成本是能做到的。我们要进行改革，如果把土地的使用权真正交还给农民，政府就可以降低拆迁成本和社会成本。我们在全国调查，大量农民办的产业园区效率非常高，但这需要进行土地管理制度改革。而降低劳动力成本，提高劳动力技能，恐怕要通过加强政府的公共服务来激发，通过户籍制度改革来进行。

第三，提高资源的配置效率，要使过去30多年政府政绩行为、短期行为下积累的巨大权力，不要再乱作为，这也是要通过改革来进行的。

这可能就是我们"新常态"所面临的挑战。为什么要说挑战呢？因为我们面临传统政府的利益的阻抗，这种阻抗不像我们想象的那么简单。十八届三中全会已经提出了一系列改革政策，很多问题还需要进一步落实。有很多争论，也有种种原因，但更多是存在着观念和利益上的挑战。要实现"新常态"，必须要越过"新挑战"这个门槛，而解决新挑战，必须要通过改革来进行。我们看到十八届三中全会已经提出了一系列的改革目标，但它要有现实路径，要有强有力的不怕踏地雷阵、不惜断腕的决心，同时要面对软抵抗。

在这种我们所谓机遇和挑战并存的状态下，怎么来实现降低成本，激发活力和提高资源配置效率，是我们要研究的一个非常重大的课题。改革，只要第一步走出去，开弓就没有回头箭。在"新常态，新机遇"主题下，我希望更多正视"新挑战"，以便进一步触发倒逼机制，推进改革。